# SÉ QUIEN HAS VENIDO A SER

ISBN: 978-84-09-36483-1
Depósito Legal: 00016-2022

Recuerda que estás hecho de carbono, hidrógeno, nitrógeno, oxígeno, fósforo y sulfuro, el mismo material que las estrellas. Por eso, has venido a brillar.

# SÉ QUIEN HAS VENIDO A SER

## SONIA VIVAS

La guía de siete pasos que te llevará, de una vez por todas, a tirar todas las cargas que te han estado impidiendo ser feliz y vivir en plenitud.

Este libro es tu viaje. Un trayecto en el que soltarás todos los lastres y los pesos. Leerlo y estudiarlo hará que sepas, de verdad, lo que significa la palabra «libertad».

«Sin cambios el progreso es imposible y los que no pueden cambiar sus mentes no pueden cambiar nada».

(George Bernard Shaw)

## ESTE LIBRO

Este libro forma parte de la ***SAGA DEL LATIDO***, lo que significa que al leerlo y asumir los conocimientos que en él se desarrollan, aprenderás una nueva forma de vivir y de sentir. Con él entrarás a formar parte de una nueva filosofía de vida, basada en la **CONCIENCIA** de **UNIDAD UNIVERSAL** y **EL AMOR PURO.**

**LA SAGA DEL LATIDO**, es sobre todas las cosas, una trilogía de estudio y liberación.

Pero este libro es un libro especial. Y lo es, porque tiene una propuesta de **IMPLICACIÓN** o de **COMPROMISO.**

**NO ES LO MISMO ESTAR IMPLICADO, QUE ESTAR COMPROMETIDO.**

Te lo explico con el ejemplo del plato de huevos y beicon. Veamos:

Imagínate un plato de comida, de esos que llevan huevos y una tira de beicon.

La gallina está comprometida, por eso va y pone el huevo en el plato. De manera que deja allí su aporte al mismo, ¡Un hermoso huevo!

Pero el beicon, lo pone alguien que ha dado **SU VIDA** al servicio de ese plato. Alguien que lo dio absolutamente todo.

Así que puedes ser la gallina y estar **COMPROMETIDA.** Si es así leerás este libro, tomarás notas y harás un trabajo interior muy grande que te dará frutos y te hará sentir mejor.

Pero si eres el beicon, estarás **IMPLICADO.** Eso significa que **TE IRÁ LA VIDA EN ELLO, EN TU BIENESTAR, EN ENCONTRARTE POR FIN CON TU MEJOR VERSIÓN DE TI MISMO.**

Por eso serás capaz de dar un paso más allá y trabajarás al mismo tiempo con el libro *Sé quién has venido a ser (Manual de ejercicios)*. Intercalando la lectura del primer libro con las propuestas prácticas del segundo. Sé que no es fácil afrontar tal profundidad, pues significa cambiar muchas cosas, pero sé también que puedes lograrlo.

Sé que es un camino doloroso, pero sé también que te sanará.

Por eso te digo:

**NO TE COMPROMETAS, IMPLÍCATE.**

Si estás realmente implicado y buscas un cambio de mentalidad que te lleve a lograr todo lo que quieres en la vida, lee la ***SAGA DEL LATIDO*** y estúdiala. Cada libro te conectará con el siguiente y te permitirá empezar a abrir puertas de bendición, que harán que seas capaz de gobernar tu vida y de lograr todo lo que deseas.

Si finalmente te atreves a realizar los ejercicios del libro, e ir un paso más allá te pido que me escribas a mi página web y me lo cuentes. De ese modo podré estar pendiente de todo tu proceso y tener un contacto directo contigo durante tu trabajo.

**¡¡CON COMPROMISO O IMPLICACIÓN AHÍ VAMOS!!**

## LOS SUPERHÉROES BUSCAN CAMBIAR EL MUNDO

Somos muchas las personas empeñadas en cambiar el mundo. Por eso quiero proponerte que te conviertas, tú también, en una de nosotras y que hagas llegar lo aprendido, más allá de las páginas de mis libros.

Siempre me gustaron mucho los superhéroes y las superheroínas. Tanto que, de pequeña, quería ser una de ellas. En mi libro *Cuando vinieron a por mí*, explico mi relación con el mundo del cómic. Te dejo el enlace por si quieres tenerlo, ya que ese libro es el inicio de un trayecto personal que forma parte de mi **PROPÓSITO DE VIDA.**

**TÚ ERES MI PROPÓSITO. ACOMPAÑARTE EN EL CAMINO ES LO QUE HE VENIDO A HACER EN REALIDAD.**

Creo firmemente que las personas que aman la vida de corazón y que vibran en la **CONCIENCIA DE UNIDAD**, viven conectadas a la **FUENTE DE ENERGÍA UNIVERSAL.** Mediante esa conexión, son capaces de hacer que La Tierra sea un lugar mejor y mejoran, con su vibración, la vida de todos los que les rodean.

Por eso el objetivo de este libro y de su libro de ejercicios, es lograr que te conectes a la fuente y que seas **QUIEN HAS VENIDO A SER EN REALIDAD.**

Ese es mi **DHARMA:** acompañarte. Porque conozco a la perfección el camino.

Voy a dejarte un trocito de una entrevista que le hicieron a Stan Lee, el escritor americano que fue el padre creador de algunos de los cómics más vendidos y leídos de la historia. Un hombre que alumbró figuras míticas como Spider-Man, X-Men, Los 4 Fantásticos, Hulk, Iron Man, Thor, Daredevil, Doctor Strange, Black Panther, Ant-Man y Bruja Escarlata, entre otros.

En una entrevista le preguntaron qué era lo que él cambiaría del mundo. Esto fue lo que dijo:

> «Haría que las personas no se odiasen, por su religión, por su nacionalidad o por cualquier estúpida razón.
>
> Si pudiéramos abolir el odio...
>
> Vivimos en este precioso planeta ...
>
> Creé un personaje que se llama Silver Surfer, y siempre lo tengo haciendo estas observaciones filosóficas.
>
> Él es de otro planeta y dice:
>
> —¿Por qué no nos damos cuenta de que vivimos en un planeta que nos da todo?, ¿por qué no lo disfrutamos?, ¿por qué pasamos tiempo luchado y odiándonos los unos a los otros?».

Si estás leyendo estas páginas es porque muchas veces te has preguntado lo mismo que me pregunto yo y que se preguntaba también el genial, Stan Lee: ¿Cómo cambiar el mundo?

**ESTE LIBRO Y LA SAGA DEL LATIDO HARÁN QUE OBRE EN TI EL CAMBIO DE CONCIENCIA.**

Escríbeme para contarme tu punto de partida:

## DECRETAR

Decretar es establecer un diálogo interior que va hacia adentro y hacia afuera al mismo tiempo. Esa conversación íntima te comunica contigo y con el universo, que es a quien le estás pidiendo todo aquello que quieres recibir a modo de bendición en tu vida.

Los decretos nos sirven para anclar nuestros deseos y pensamientos más profundos y logar que estos se materialicen para nosotros. Es una manera de hacer **EL PEDIDO CÓSMICO** en el restaurante que siempre atiende nuestras peticiones.

Cuando decretamos estamos escribiendo con letras gigantes sobre el cielo del universo, todo aquello que queremos atraer a nuestra vida.

La siguiente oración me sobrevino en mitad de una meditación, justo en un momento en el que ansiaba encontrar mi **PROPÓSITO**. Quiero regalártela y me gustaría que la acogieras con amor y la decretases para tu vida. A mí me ha traído enormes bendiciones y sé que a ti también te las traerá. Abre los brazos y recíbela.

Léela y escríbela para llevarla siempre contigo. Recítala con la emoción de la verdad palpitando en cada palabra, porque es una certeza rotunda.

Siéntela y memorízala para usarla durante tu día a día, porque te aseguro que es **MUY POTENTE** y que obrará grandes cambios en tu vida cuando la integres.

Reconoce mediante este decreto tu **VERDADERA ESENCIA** y mantente para siempre en la **FE** de lo que eres en realidad.

Ahora, ponte la mano sobre el corazón y di en voz alta

SOY UN SER DIVINO REPLETO DE
SABIDURÍA Y CONOCIMIENTO.

ANDO VIAJANDO Y APRENDIENDO EN EL CAMINO.

LA PERFECCIÓN DIVINA ME ACOMPAÑA
PORQUE ESTOY HECHO DE POLVO DE ESTRELLAS.

ME AMO Y ME RESPETO PORQUE YO SOY IMPORTANTE.

## CUIDADO CON LO QUE DECRETAS

Has de saber que puedes decretar cualquier cosa que quieras ver materializada en tu vida. Te invito a que lo hagas, porque es algo tremendamente potente que obra cambios inmediatos. Lo será si decretas con la certeza de que eso que estás pidiendo, ya lo has obtenido. Si pones toda tu **FE** y tu pasión en la certeza de que eso que anhelas tener, **ES TUYO POR NATURALEZA.** Y ahí, en esa certidumbre, radica de manera plena la posibilidad que permite que se acabe manifestando para ti en tu plano material. Pídelo con amor, sintiendo que es tuyo y que ya lo tienes. **NO ME CREAS, PRUÉBALO.**

No es lo mismo decir:

- Quiero tener salud.

Que decretar:

- Soy un ser saludable y lleno de salud.

O decir:

- Quiero tener el dinero necesario para vivir.

Que decretar:

- Soy próspero, obtengo todo el dinero que preciso.

Los decretos, son fórmulas de oración utilizadas para reprogramar nuestro cerebro en positivo. De ese modo podemos atraer todo lo que deseamos materializar en nuestra vida mediante la afirmación.

Los seres humanos estamos compuestos por la unión de la mente y del cuerpo. Y solo desde la conjunción consciente de la materia y del espíritu, podremos transformar nuestras vidas y convertirnos en la persona que hemos venido a ser.

Son muchos los condicionantes que nos han puesto sobre la espalda. Las culpas que nos han hecho sentir siendo niños. Los castigos y maltratos quizás.

Son muchas las programaciones negativas que han instalado dentro de nuestra cabeza y que nos impiden prosperar y descubrir quienes somos en realidad.

Por eso debemos decretar. Para romper con las viejas ideas y crear, desde nuestro centro emocional, una forma de pensar diferente, positiva, creadora de la nueva realidad que deseamos manifestar. Porque, lo creas o no, moldeamos nuestra vida a nuestro antojo. Lo que sucede es que los condicionantes y los paradigmas mentales negativos, ocupan gran parte de la programación de nuestro cerebro y encogen en miedo y rabia nuestros corazones.

**CAMBIA ESO Y EL UNIVERSO SE ABRIRÁ PARA TI.**

## DECRETA PARA TODOS LOS ÁMBITOS DE TU VIDA.

Puedes decretar para todo lo que desees. Porque un decreto es algo más que una afirmación, va más allá. Un decreto es una certeza. **UN PACTO UNIVERSAL.**

Decreta aquellas situaciones que deseas modificar. De ese modo descubrirás el ser hermoso y pleno que eres. Esto es lo que yo llamo: **DECRETOS CONSCIENTES.**

Pero en realidad nos pasamos la vida haciendo **DECRETOS INCONSCIENTES** y negando nuestra grandeza. Por eso es importante que pongas en práctica todo lo que contiene ***LA SAGA DEL LATIDO*** y que hagas los ejercicios que te propongo. Empieza a decretar en tu vida.

A medida que vayas decretando, de manera consciente y en positivo, se irá modificando tu mentalidad subconsciente y adaptándose a tu nuevo sistema de creencias.

## EL PODER DE LA PALABRA HABLADA

> «Nada tiene ningún poder sobre mí, a no ser el que yo mismo le concedo mediante mis pensamientos conscientes».
> (Tony Robbins)

La palabra es una herramienta poderosa, quizás de las más poderosas que existe. Mediante ella ,comunicamos todo aquello que llevamos dentro, exteriorizándolo.

Es el vehículo ,mediante el cual nos comunicamos entre nosotros y el que usamos para socializar.

El lenguaje define nuestro estado interior y también el contexto que nos rodea.

Al punto que varios estudios realizados por científicos de la Universidad de Berkeley y la Universidad Carnegie Mellon, ponen de relieve que las personas que viven en climas cálidos tienen la misma palabra para referirse al hielo que a la nieve. No teniendo una palabra para diferenciar conceptos tan distintos.

Esto es así ,porque nombramos lo que tenemos cerca y la lo que le damos importancia es a aquello con lo que estamos en contacto constante. Desdeñando lo que nos resulta lejano y poco cotidiano en nuestras vidas.

De ahí la importancia de no tener cerca a personas pesimistas, envidiosas y criticonas ,ya que su forma de referirse al mundo que nos rodea acabará impregnando el nuestro. Estas personas harán que dejemos de tener palabras diferentes para nombrar las cosas y reducirán nuestro mundo a escalas muy pequeñas.

Fijaos que los esquimales, que lógicamente están en contacto con la nieve a diario, poseen multitud de palabras para referirse a ella.

Sobre la denominada «lengua aglutinante» de los esquimales y el uso de la palabra nieve, Franz Boas, lingüista y antropólogo escribió lo siguiente:

> «Tomen por ejemplo el [idioma] inglés, encontramos que la idea de *agua* se expresa en gran variedad de formas: un término sirve para expresar el agua como un *líquido*; otro, agua en forma de una gran acumulación (*lago*); otros, agua fluyendo en un gran o un pequeño cuerpo (*río* y *arroyo*); aún hay otros términos que expresan al agua bajo la forma de *lluvia*, *rocío*, *ola* y *espuma*. Es perfectamente concebible que esta variedad de ideas, cada una expresada por un sólo término independiente en inglés, puede expresarse en otras lenguas por derivaciones del mismo término. Otro ejemplo del mismo tipo puede darse en las palabras para *nieve* en esquimal. Aquí encontramos una palabra, *aput*, que expresa *nieve sobre el suelo*; otra, *qana*, *nieve cayendo*; una tercera, *piqsirpoq*, *nieve a la deriva*; y una cuarta, *qimuqsuq*, nieve arrastrada por el viento».
> (*Handbook of North American Indians*)

Huye de las personas que tienen muchas palabras negativas en su vocabulario y que las usan de manera diaria e indiscriminada. Pues de tanto oírlas las acabarás adquiriendo y eso no te permitirá cambiar tu sistema de creencias.

> «El lenguaje humano es como un caldero cuarteado que hacemos resonar para que baile el oso, al mismo tiempo que intentamos conmover a las estrellas».
> (Gustave Flaubert)

Cada palabra que pronunciamos, cuando la conectamos a un sentimiento, es un decreto superpotente que enviamos al **UNIVERSO**. Esas palabras provienen de pensamientos que albergamos en nuestro interior. Muchas veces, lo que nos sale por la boca a modo de comentarios u opiniones, es el miedo, la rabia, la ira o la escasez en la que vivimos. Todos esos pensamientos negativos, harán que aquello que estás pidiendo, te sea entregado de vuelta. Por lo que obtendrás más ira, más rabia y más escasez.

## EL LENGUAJE DEL UNIVERSO ES EL SENTIMIENTO

Todo pensamiento genera un sentimiento en nosotros. Y ese sentimiento es **EL LENGUAJE DEL UNIVERSO**, mediante el cual te comunicas con él. Los pensamientos negativos nos hacen sentir emociones o sentimientos negativos y de ese modo obtenemos justo aquello que no deseamos tener.

Sabemos que el **UNIVERSO ATIENDE TODAS NUESTRAS PETICIONES**, por lo que hay que ser cauteloso con lo que decretamos, con lo que pensamos y sobre todo con lo que sentimos. Así que recuerda: **LA PALABRA ES PENSAMIENTO HABLADO.**

> Jesús de Nazaret dijo: «No es lo que entra por su boca lo que contamina al hombre, sino lo que de su boca sale, porque lo que de su boca sale del corazón procede».

## PERSONAS QUE USAN LOS DECRETOS PARA ATRAER NEGATIVIDAD

Muchas personas se pasan el día decretando de la siguiente manera:

- Menuda crisis se nos viene encima.

- ¡Cuidado, que te vas a matar!
- Qué dolores tengo, con este tiempo tan húmedo.
- Qué calor tan insoportable.
- Qué frío tan insoportable.
- Qué lluvia tan insoportable.
- Qué humedad tan insoportable.
- Qué sequedad tan insoportable.
- Ese es un desgraciado.
- Qué gordo que está.
- Menuda ropa lleva, que vergüenza.
- Es una descarada...

Cada palabra que lanzas al universo tiene un efecto. Si envías negatividad, eso es lo que vas a recibir.

Si envías positividad, eso es lo que vas a recibir.

Si envías críticas, eso es lo que recibirás de otros y de ti mismo pues cada vez que críticas a alguien te estás criticando. Y eso es así porque toda crítica procede de los propios parámetros que usas para enjuiciar la vida de los demás y por lo tanto,la tuya propia.

Criticas desde los moldes mentales con los que mides el mundo y con los que te mides y te constriñes también a ti mismo. La crítica es una forma de reducirte y de hacerte pequeño con la palabra.

> «Todo lo que te molesta de otros seres es una proyección de lo que no has resuelto de ti mismo».
> (Buda).

Detrás de todas las frases negativas hay miedo.

El miedo es una emoción que hace que el corazón se nos acelere. Nos genera estrés y ansiedad. Por eso, cuando lo sentimos, usamos la frase ¡Se me sale el corazón por la boca!

El miedo es una emoción, con la que nos atemorizan durante toda la vida.

Y mediante el miedo, logran controlarnos individualmente y también consiguen mantener el poder sobre las masas.

Un ejemplo es: cuando de pequeños nos dicen que vendrá a por nosotros el hombre del saco o que la policía va a llevarnos, si nos portamos mal.

De mayores, cuando el miedo a todo ya está instaurado en nuestro sistema de creencias, utilizan las enfermedades o los accidentes para no dejarnos disfrutar de las cosas que logramos.

Un ejemplo de ello es cómo nos manipulan para que contratemos la alarma para que no nos roben; el seguro del hogar para que nos cubra el incendio o la inundación de la casa y el seguro de vida por si nos quedamos inválidos o morimos en un accidente. Estas cifras, sumadas, dan una cifra superior al pago mensual de la hipoteca de la casa de tus sueños.

El sistema te dice:

No puedes comprar una casa sin alarma. Ni sin seguro. Bla, bla...

No puedes comprar una casa y no asegurar tu vida ya que puedes morir justo ahora que has logrado lo que deseabas...

Si sumas los **NO PUEDES**, su valor en términos económicos te dará una cifra que te ahuyentará de **TU SUEÑO**.

Todo vale para hacerte sentir inseguro y no dejarte disfrutar de ningún logro, o lo que es peor: todo vale para que el miedo se interponga entre tú y tus deseos.

De esa manera vivimos con miedo toda la vida y sin celebrar nada porque todo tiene una terrible sombra de miedo presente.

## EL MIEDO ES MOTOR DE CAMBIO

Yo he aprendido que el miedo puede ser un bloqueo o puede ser un motor. Si lo usas de la segunda forma, transformarás todo en tu vida... todo absolutamente. Si lo usas de la primera manera, nunca harás nada más que quejarte, llorar y lamentar.

Pues el miedo puede ser un compañero de viaje que te haga sentir incómodo y expectante y evite que te confíes y te equivoques. Úsalo.

> San Pablo dijo: «somos transformados por la renovación de nuestras mentes».

## LA POLÍTICA USA LA PALABRA

Las palabras son la droga más poderosa de la humanidad, dijo Rudyard Kipling, refiriéndose a esas ocasiones en que las palabras resuenan con tanta fuerza y precisión que permanecen para siempre en nuestro recuerdo. Un ejemplo de ello es el famoso discurso de Martin Luther King «He tenido un sueño».

Las palabras que utilizamos son la experiencia en sí misma. Son la representación, hecha verbo, de aquello que sentimos.

Pero de igual manera que el **LENGUAJE EXACTO**, que es aquel que nos conecta y que aporta vibraciones superiores al mundo, puede llevarnos en la dirección correcta, el **LENGUAJE NEGLIGENTE** puede conducirnos al desastre.

George Orwell se refirió a esto último cuando dijo: «si el pensamiento corrompe el lenguaje, también este puede corromper el pensamiento».

El gran error de **LA POLÍTICA DE PARTIDOS**, es que no es consciente de que las palabras pueden ser muros o pueden ser puentes y que no hay que utilizarlas para dividir a la gente, sino para unirlas.

Al no entender la profundidad de estas palabras, **LA POLÍTICA DE PARTIDOS**, solo empuja al desarrollo y el retroceso cíclico de las sociedades y de los pueblos.

## CAMBIA LA PAUTA

Cada vez que te sorprendas a ti mismo con pensamientos negativos, conviértelos en positivos de manera inmediata. Haz ese trabajo porque es tremendamente necesario.

A lo largo del libro voy a enseñarte cómo cambiar el paradigma mental que tienes instalado. Porque, para obrar el cambio en positivo, debes modificar el molde de tus pensamientos inconscientes desde la conciencia. De ese modo cambiarás los que van aflorando y el resto se irán modificando también.

Con tiempo verás como empiezas a cambiar y comienzas también a darte cuenta de cómo decretan constantemente en negativo los demás. Caerás en la cuenta de mil cosas que no caías antes y entenderás la frase de Sócrates: «Habla para que yo te conozca».

Este libro es un viaje hacia la felicidad que te está esperando.

## DEJA DE CRITICAR

La crítica es casi un deporte mundial.

Es una forma de atacar a una persona, de manera gratuita, buscando sus imperfecciones o aquello con lo que poder convencer al resto de que no es válida o suficiente.

Pero lo cierto es que las personas que critican a los demás, antes se critican duramente a sí mismas.

Mediante la crítica, nos alejamos de nuestra grandeza interior y ensuciamos nuestra alma. No penséis que lo que estáis manchando es a los demás, **NO**, os lo hacéis a vosotros mismos.

Eso es así porque la crítica proviene de una manera de pensar propia, respecto a algo y pertenece a nuestro patrón de ideas.

En la teoría de los tres filtros de Sócrates, nos deja claro que hay que alejar a las personas chismosas y pararles los pies, cuando pretenden hacernos cómplices de su miseria.

Los tres filtros de Sócrates hacen referencia a una anécdota del gran filósofo griego que ha llegado hasta nuestros días. Esta historia es considerada una gran lección de vida, que se aplica particularmente a aquellas situaciones en las que prima el cotilleo y el rumor.

«Cuenta la historia que en una ocasión Sócrates recibió a uno de sus discípulos, el cual llegaba a verle en un gran estado de agitación.

Cuando Sócrates le preguntó qué era lo que le pasaba, él contestó que se había encontrado con un amigo y que este había hablado de Sócrates con gran malevolencia y que quería contárselo.

Entonces el sabio le dijo que antes de contarle su mensaje, este debía pasar por tres filtros para ser digno de ser contado.

De modo que le preguntó:

—¿Estás absolutamente seguro de que lo que vas a decirme es verdad? —El discípulo pensó un momento. No estaba seguro de si aquello que había oído en boca de su amigo era verdad o no.

—Entonces no sabes si todo es cierto o no, —dijo el filósofo. El discípulo tuvo que admitir que no.

Luego el gran maestro griego le hizo la segunda pregunta: —¿Lo que vas a decirme es bueno o no? —El discípulo contestó que no era nada bueno, que era realmente malo. Y entró a explicarle que lo que había dicho su amigo le causaría un gran malestar y desconcierto.

Entonces Sócrates le contestó: —Vas a decirme algo malo, pero no estás totalmente seguro de que sea cierto. —El discípulo admitió que sí.

Para terminar, Sócrates le hizo la tercera pregunta:

—¿Me va a servir de algo lo que tienes que decirme? —El discípulo dudó. No sabía si esa información le serviría a su maestro o no.

Entonces Sócrates le dijo:

—Si lo que deseas decirme no es cierto, ni bueno e incluso no es útil ¿Para qué querría saberlo?»

Esta historia es una invitación a la reflexión para dejar de poner la energía en la crítica engordándola y hacer que pase, como pasa el viento entre las ramas de los árboles.

Sócrates proponía la verdad, la bondad y la utilidad como los tres filtros válidos. Y proponía que antes de decir algo a alguien, la persona debía preguntarse:

¿Estoy seguro de que lo que voy a decir es cierto?

¿Lo que voy a decir es bueno?

¿Es necesario decirlo?

.............

Una de las cosas que me hizo querer dejar mi carrera política, fue el nivel de crítica y la manera en que se había normalizado apuñalar a los demás por la espalda. Dentro de los partidos políticos,la gente vive de criticar y de poner buena cara por delante y usar sus peores estrategias por detrás. La política de partidos, es un lugar en el que el compañerismo se basa en intereses de poder y alianzas. No hay sitio para el afecto.

¿Cómo va a cambiar el mundo un sistema ideado para hacer caer a otros y que tiene a la crítica como aliada y compañera?

Claramente, no se puede.

El mundo lo vamos a cambiar las personas que vemos la posibilidad de cambio, más allá de cualquier estructura o institución.

Cuando yo llegué a la política, lo hice directamente a un puesto de salida. No tuve que pasar largas temporadas haciendo favores o ayudando a crecer políticamente a otros, no. Me buscaron y me ofrecieron encabezar cartel porque yo me había convertido en un referente público y era una persona conocida socialmente, debido a mi lucha contra la corrupción y por los derechos humanos.

En mi partido sabían que muchas personas votarían a las siglas, porque yo iba en la lista.

Como os decía yo llegué al partido pasando por delante de montones de personas, que llevaban toda su vida tratando de tener la oportunidad que yo tuve sin necesidad de hacerle la pelota a nadie. Y eso generó muchas envidias y muchas críticas también. Algo que me sorprendió y que me causó un gran malestar. Pensé que con el tiempo se calmarían aquellas personas que hablaban mal de mí a mis espaldas y que eran compañeros y compañeras, pero no, no fue así. Las críticas y la envidia crecieron a medida que crecía mi poder político y a medida que yo ganaba popularidad.

Por ese motivo, comencé a pensar que la política de partidos es incapaz, **ABSOLUTAMENTE INCAPAZ DE MEJORAR EL MUNDO.**

Pero como te decía, la crítica al resto de personas, proviene de una forma salvaje de criticarte y maltratarte a ti primero.

¿Miras el mundo que te rodea de manera crítica y todo te parece mal? Quizás no hayas caído en la cuenta, pero eso lo haces constantemente. Si es así... tienes un grave problema que debes solucionar de inmediato.

¿Te crees que eres juez de todo lo que te rodea?

Jamás vas a amarte a ti mismo si no dejas de criticar todo lo que tienes alrededor. La crítica es una expresión de nuestro propio descontento.

La crítica no es productiva, sino destructiva. No aporta nada bueno sino todo lo contrario. La energía que mueve es una energía baja.

Te propongo que hagas un ejercicio y estés **TODO UN MES SIN CRITICAR A NADIE:**

Haz la prueba y llegarán las enormes bendiciones a tu vida.

No lo creas, pruébalo. **SI LO DECIDES QUIERO QUE ME CUENTES TUS RESULTADOS. ESCRÍBEME Y COMPARTIREMOS LA EXPERIENCIA.**

## ÁBRETE A RECIBIR PALABRAS BENÉVOLAS

Nos han enseñado a negar el cumplido o el halago y a encajar la crítica como algo natural. Incluso a criticarnos sin compasión a nosotros mismos y disfrazarlo de **FALSA MODESTIA.**

Y lo hacemos con frases como:

—No debería decirlo yo, pero eso me ha quedado muy bonito.

¿Por qué alguien no debería decir que ha hecho algo bien?

¿De dónde sale eso de que no debes halagar tu trabajo y reconocer tu esfuerzo y tus resultados?

Te invito a que el próximo mes alabes todo lo que hagas bien y te digas a ti mismo todo lo que estás haciendo bien. Te invito a que el próximo mes te apoyes en todo aquello que no sale como tú quieres, diciéndote a ti mismo que lo haces lo mejor que sabes.

—Qué tonto soy. Si es que soy tonto. Qué estúpido soy....

Ante los errores nos insultamos y maltratamos. Cuando en realidad equivocarse es sano y lo más normal del mundo.

**A MEDIDA QUE DEJES DE CRITICARTE A TI MISMO Y TE ACEPTES CON AMOR Y TAL COMO ERES, DEJARÁS DE CRITICAR A LOS DEMÁS Y TE VOLVERÁS MÁS TOLERANTE Y COMPRENSIVO CON EL RESTO DE LA HUMANIDAD.**

**TE DEJARÁS SER Y DEJARÁS SER A LOS DEMÁS EN SU PLENA ESENCIA ACEPTANDO QUE TODOS VAMOS CAMINANDO UN CAMINO DE APRENDIZAJE Y QUE NADIE ES JUEZ PARA DECIRLE NADA A NADIE.**

**TODA CRÍTICA HABLA DE NUESTRA PROPIA LIMITACIÓN.**

## SOLO GDC, POR FAVOR

Rodéate solo de GDC. Gente De Calidad.

Si miras a tu alrededor y coges a las cinco personas con las que pasas más tiempo en tu vida, te darás cuenta que en gran medida, eres como ellas y piensas como ellas.

Me refiero a las personas escogidas lógicamente, no personas con las que tienes la obligación de relacionarte en el trabajo, aunque influyen también.

Si esas personas escogidas, con las que compartes tu vida, con las que quedas constantemente, viajas y haces planes, son personas negativas, criticonas y quejumbrosas, estate **ALERTA**.

Pues si quieres florecer y progresar, has de escoger solo a gente GDC. No te estoy diciendo con esto que le des la espalda a tus amistades, que viven en negativo, aunque es exactamente lo que yo hice. Respeto mucho el camino de cada uno como para hacer una invitación así. Pero sí te digo que, por favor, elijas muy bien a las personas que te rodean y que tomes distancia de aquellos que no te hacen bien.

Si esas personas viven en la envidia, en relaciones afectivas tóxicas, se maltratan con malos pensamientos sobre sí mismas, beben o consumen sustancias y son, en definitiva, personas perezosas con mentalidad de víctima, mi consejo es que te distancies. Que dilates el tiempo de quedar y te abras a que otras personas más nutritivas entren a formar parte de las cinco personas con las que más te relacionas.

Es así. Es una regla de oro. No hay más.

Es **LA LEY DE LA ATRACCIÓN** la que opera constantemente cuando escogemos a personas que viven la vida en modo lucha, peleando contra todo y contra todos. Personas que miran a los demás para sacar sus defectos y aplastar su brillo.

Esas personas, que ahora comparten contigo su tiempo tranquilamente, a medida que crezcas y vayas obteniendo resultados, tratarán de recordarte con comentarios, situaciones pasadas o usando cualquier treta, quiénes creen que tú eres en realidad. Tratando de arrastrarte al viejo paradigma mental que estás tratando de superar. Es decir, no te dejarán crecer.

Hazme caso y créeme cuando te digo que la negatividad se pega a la ropa y acaba llegando a tu piel si no lo impides. Así que decide qué es lo que quieres en tu vida. Si quieres personas que te recuerden tu herida, aquello que te pasó y por lo que sufriste tanto, así como situaciones que deseas dejar atrás. O deseas cosechar a personas que te impulsen y te aporten.

Puede que durante mucho tiempo hayas pensado y actuado como una víctima. Puede que hayas criticado a los demás con saña y que hayas envidiado la vida de otros. No importa lo mediocre que haya sido tu comportamiento antes. Ahora puedes cambiar eso y para ello debes dejar de pensar, hablar, sentir y comportarte como una persona mediocre. Debes ver lo bueno de los demás, usar las palabras adecuadas para decir aquello que deseas manifestar, sentir amor y gratitud ante la vida y dar ejemplo con tus actos y con los frutos de tus éxitos.

Aléjate de las personas que se regocijan constantemente en su desgracia. Una cosa es sufrir para superar el trauma y la otra es mantenerse en un charco de lodo solo porque no sabes de qué hablar si no es de tu propio desastre.

Hazme caso. Solo GDC y si tú no lo eres, lee este libro, conviértete en una de ellas y deja atrás a todos los que no te van a permitir crecer y avanzar. Cuando crezcas y avances su estancamiento será más evidente y lo tratarán de ocultar haciendo que no brilles y que vuelvas a lo que eras antes.

Te dirán que has cambiado.

Que ya no eres la misma persona que eras.

Y se pondrán en modo víctima, para hacerte sentir mal y cortar tus alas.

Pero no cejes. Cuando eso pase, significa que estás en el camino.

Yo generalmente me alejo de aquellas personas que quieren encasillarme. Esas que todo el rato buscan un perfil mío con el que se sienten cómodas y tratan de matar al ser polifacético y poliédrico que soy.

Cuando eso sucede, dentro de mí se activa una alarma de la que ahora soy más consciente que antes. En definitiva, es como si de algún modo supiera que esa persona y yo vamos a caminar, pero solo un poco. Que no iremos más allá porque, aunque ella lo desconoce y no lo hace para herirme, su presencia en mi vida me lastra.

En mi etapa política tuve un colaborador que era muy buena persona, pero tenía una relación desastrosa con su pareja, con su padre, con su madre, con la pareja de su padre, con su hermano y con la pareja de su madre. Él sentía un gran amor hacia mí y trabajábamos muy bien juntos. Pero sin ser consciente traía esas situaciones espirituales constantemente al trabajo y eso hacía que yo cada vez me sintiese más y más lejos de él.

Tanto que a veces me molestaba su presencia.

Recuerdo que cuando le hablaba de cosas serias, él todo el rato trataba de llevarse la conversación a las risas o a las bromas. Ese era mi perfil con el que sí se sentía cómodo, pues no quería relacionarse conmigo desde otros lugares que no fueran ese. Y yo tengo un gran sentido del humor, pero lo aplico cuando procede, no a todas horas. Pero él solo quería manejarse conmigo en esos parámetros de que nada importaba y todo era motivo de cachondeo.

Le costaba aterrizar emocionalmente en la importancia de las cosas, porque no era capaz de asumir el peso del desastre de su vida afectiva, familiar e interior.

Vivía enfadado con todo y criticaba a otros compañeros constantemente. Lo peor es que buscaba mi complicidad cuando lo hacía. No fue fácil romper aquella dinámica. Muchas veces pensamos más en cómo se sentirá el otro cuando le digamos cómo nos sentimos, que en cómo nos sentimos y el daño que nos hacemos soportando a esa persona.

Por eso no me atrevía a decirle: deja de criticar conmigo, no me interesa eso. Para ya.

La relación se tensaba por momentos. Y fue así un tiempo hasta que decidí romper la dinámica. Entonces me di cuenta de que más allá de las risas y las críticas, aquella persona no podía ofrecerme mucho más porque no lo tenía. Su vida eran conflictos y contiendas.

Dejar de criticar no es fácil, sobre todo porque vivimos en un mundo en el que se hace constantemente. Un mundo en el que no está mal visto el hecho de acribillar a alguien por su aspecto o por su vida en general. La prueba es que los programas de máxima audiencia van de eso, de sacarle los pellejos a otras personas delante de todo el mundo.

Pero yo, al poco tiempo de llegar a la política y aclimatarme, decidí no volver a criticar a nadie nunca más, a no luchar y a dejar que todo fluyera. Fue enormemente complicado hacer eso dentro de un sistema como el político, que está repleto de envidias, de traiciones y de conspiraciones constantes.

Pero al hacerlo todo a mi alrededor empezó a cambiar y yo empecé a sentirme mejor.

Hice lo que tenía que hacer y escogí entre las personas con las que me relaciono estrechamente solo GDC, Gente de Calidad.

Hacer esto no significa que seamos personas ingratas, que desechemos a los demás porque nos sentimos superiores, ni que despreciemos a personas que un día nos acompañaron y nos ayudaron. Se trata de escoger entre **CRECER O PERMANECER COMO ESTAMOS**. O lo que es peor, ir hacia atrás a medida que cumplimos años.

Avanzar significa también cambiar cosas. Deja espacio para que entren personas positivas y abundantes.

Te amo

## TE PROPONGO UN DESAFÍO

Quiero proponerte un reto que podrás llevar a cabo en sesenta días. En esos dos meses podrás cambiar tu vida radicalmente, haciendo solo **TODO LO QUE TE PROPONGO.**

Esta es mi propuesta:

1. Lee este libro de la siguiente manera:

   - Primero haz una lectura de cada capítulo.
   - Después haz una nueva lectura, esta vez mas minuciosamente. Subrayando todo aquello que consideres importante y tomando tus propias notas a pie de página, si lo consideras necesario.
   - Tras esas dos lecturas, realiza una tercera. Esta vez despacio, integrando todo lo que propone el capítulo y tu experiencia propia que has ido aportando en los márgenes o en tu libreta. Haciendo tuyo el texto, con tu vivencia personal.
   - Por último, haz los ejercicios que te propongo. Mediante esos ejercicios podrás ir descubriendo más cosas sobre ti y tus condicionantes y tus miedos conscientes e inconscientes también.

2. Aplica en tu vida todo lo que vamos trabajando en cada uno de los capítulos. Hazlo durante sesenta días.

3. Escríbeme para contarme como te está yendo y cuelga en redes sociales todo lo que creas que puede ayudar a otros a lograr ser quienes han venido a ser. Lo que compartas pueden ser experiencias tuyas propias o fotografías de trocitos del libro. Hagas lo que hagas, etiquétame para poder saber de tu experiencia. De ese modo podré acompañarte más de cerca durante el proceso.

4. Deja de criticar de manera **RADICAL**. La crítica es algo terrible que te haces a ti mismo. Hay un capítulo entero dedicado a ese asunto. Pero hazme caso y deja de criticar a los demás. De ese modo lograrás dejar de criticarte a ti mismo.

5. Deja de relacionarte con personas que critican y están constantemente sacando los fallos de los demás. Todo se contagia.

6. Comienza a cambiar tu forma de hablar y de referirte a ti misma. Hazte el firme compromiso de empezar a tratarte bien de palabra y de corazón y a ser indulgente contigo. No te maltrates y encontrarás la vía para amarte sin condición.

7. Haz los ejercicios con el espejo para entrar en contacto con tu niño interior. Hay personas que se sienten bloqueadas en este punto, pero has de saber que todo lo que te incomoda es aquello en lo que tienes que insistir más. Los bloqueos nos indican que hay que trabajar en esa dirección. Nos ayudan a saber donde hay que insistir más para mejorar a cada instante.

8. Trabaja con el espejo durante un rato cada día. La mañana es la mejor hora del día para hacerlo porque estamos más receptivos y el cerebro está más permeable. Pero puedes también usar cualquier momento en el que veas tu imagen en el espejo para decirte cosas positivas. Incluso caminando por la calle o subiendo en un ascensor.

9. Crea tus propias afirmaciones y compártelas. Si quieres hacerlo conmigo estaré encantada. Aprendo con cada uno de vosotros y me hace muy feliz leerlas. Además, el hecho de compartirlas le da más fuerza al mensaje porque otras personas van a recibir el don de tu palabra.

10. Anota el decreto que hay en el libro para ti y llévalo siempre contigo. Si lo memorizas, mejor. Léelo o recítalo cada vez que sientas una duda o te encuentres en un momento en el que tus

viejas formas de pensar quieran volver a instalarse. Recuerda que es una cuestión de trabajo y tiempo que tus antiguas fórmulas dejen de aparecer.

11. Escucha la canción de **LA SAGA** como mínimo tres veces al día y cántala con fuerza. Esa música es la que están escuchando todos los estudiantes de **LA SAGA** y eso crea y genera comunidad. Vibra con la canción y siente que **ERES IMPORTANTE.**

12. Sígueme en *Instagram, Facebook* y *YouTube*. Es en redes sociales donde podas ver vídeos sobre los capítulos de las sagas y donde podrás conectar con otras personas que conforman ***LA COMUNIDAD DEL LATIDO.***

13. Ten Fe. La **FE** mueve montañas.

## A TI, QUERIDO AMIGO

Te dedico este libro a ti, querido lector.

Porque eres tú por quien emprendí este camino antiguo.

Porque es por ti por quien he padecido y crecido como ser humano y como **ALMA VIAJERA.**

Porque tú has estado durante todo el trayecto, incluso cuando pensé que caminaba sola.

Porque tú y yo somos una misma cosa. Y el resonar de mis pasos son los tuyos andando al mismo tiempo.

Porque te quiero y me importas.

Porque **ERES IMPORTANTE.**

## AGRADECIMIENTOS

Agradezco a mi abuela por ser fuente de sabiduría. Por ser capaz de sostenerme en los peores momentos, esos en los que no creía en mí misma. Esos en los que pensaba que la vida era algo incontrolable que maniobraba en mi contra.

Agradezco a mi mujer que estuviese al final de mi Noche Oscura del Alma. Esperándome para llenarme de dicha cada día y regalarme el fruto maravilloso de su vientre, un hijo, al que pronto acunaré en mis brazos y que ya ha decidido, en otra dimensión, que yo sea su madre.

Agradezco a todos los maestros que me han enseñado que el verdadero poder reside dentro de nosotros mismos y que solo hay que despertarlo.

Agradezco a todas las personas que me dañaron. Ahora sé que no lo hicieron por maldad, sino porque estaban ciegas. Esa bendita ceguera me ha impulsado a buscar la luz a través de la oscuridad de sus actos.

A todos, os quiero.

## PREFACIO DE LA AUTORA

Amado lector, enhorabuena por este camino que estás a punto de emprender.

Si estás leyendo estas páginas es porque vibramos juntos en la misma frecuencia.

Si has llegado hasta este libro, sin duda, es porque andas buscando la conexión con tu fuente de maravilla y plenitud.

Este libro lo he escrito por y para ti. Porque poder llegar a escribir cada una de las palabras que contiene, forma parte del **PROPÓSITO** de mi vida. La misión por la que he atravesado una **NOCHE OSCURA DEL ALMA** muy larga que me llevó al otro lado. Al lado de la luz y de la dicha. Al lado de la abundancia y del amor.

De algún modo, leer este libro va a bendecir tu vida también, así como la mía fue bendecida por los libros de otras almas despiertas que me abrieron el camino de la iluminación.

Quiero que sepas que voy a acompañarte hasta el otro lado, como un sherpa del Himalaya conduce a la cima a aquellos excursionistas que quieren descubrir las cumbres, pero no tienen experiencia en el ascenso y solo llevan mapas. Yo he subido y conozco cada piedra. No hay atajos para lograrlo. El camino solo es uno y consiste en abrirte al maravilloso misterio de tu ser interior.

El cambio radical que se ha obrado en mi vida en los últimos años es el aval de tu éxito. Pues solo aquellos que han logrado subir hasta la cima, pueden indicarte el camino para que logres tú también hacerlo.

El frío acuciará.

El calor acuciará.

El dolor acuciará y tendrás ganas de abandonar...

Pero si resistes, serás el dueño de tu mundo y conocedor de los secretos antiguos de la sabiduría original.

Si resistes hallarás lo que andas buscando. Y será tuya por siempre la fuente de la felicidad.

Este es el libro principal de ***LA SAGA DEL LATIDO***. En ella descubrirás el enorme potencial que tienes dentro de tu corazón y hallarás la seguridad y la confianza que necesitas para transformar tu vida.

Las bendiciones llegarán **EN CASCADA** y lograrás todo lo que deseas atraer.

A lo largo de la saga te transformarás totalmente y lo que has venido a ser en realidad, aflorará, brillando libre.

**PORQUE HAS DE CREER EN LA ESENCIA DE TU VERDADERA IMPORTANCIA.**

En este viaje aprenderás sobre:

- El universo y sus leyes fundamentales, así como los secretos de la unión entre la ciencia y la espiritualidad.
- Todo lo que hasta ahora pensabas que sabías respecto de nuestro origen y nuestra vida en el planeta Tierra.
- Las Revelaciones Perdidas.
- La sanación de tu interior.
- La transformación de tu vida en todos los aspectos.
- Como recuperarte de las heridas.
- **El PENSAMIENTO CREATIVO.**
- Como caminar hacia tu interior y a escuchar el **LATIDO ANCESTRAL** que llevas dentro.
- Tu ***DHARMA*** o **PROPÓSITO** en la vida.
- Los decretos.
- Como amarte por encima de todo.
- **ERES IMPORTANTE.**

## AMADO LECTOR

Antes de que inicies tu travesía, me gustaría pedirte una cosa.

Desde que atravesé mi **NOCHE OSCURA DEL ALMA** solo he querido poder inspirar a los demás. He caminado mucho hasta ser capaz de dar una herramienta y una orientación a los cientos de personas que me escriben cada día pidiéndome consejo.

Por eso, porque creo que podemos ser capaces de motivar e inspirar juntos, me gustaría pedirte algo:

Me encantaría que te hicieras una fotografía con el libro mostrando el camino que vas a iniciar y la compartieses en tus redes sociales. Sería maravilloso que me etiquetases para así poder responderte. De esa manera, juntos llegaremos a más personas que podrán iniciar a su vez el mismo camino que nosotros.

Cuando atravesé mi **NOCHE OSCURA DEL ALMA** decidí que iba a dedicarme a aportar luz a la vida de todas las personas que me rodeaban y a esparcir la semilla de un **MUNDO MEJOR.**

Ayúdame a seguir haciéndolo. Porque créeme,
**ERES IMPORTANTE.**
**ESTÁS HECHO DE POLVO DE ESTRELLAS.**
Espero tu foto.

## ¿POR QUÉ DEBERÍA LEER ESTE LIBRO?

Probablemente te has pasado la vida obedeciendo normas.

Puede que hayas pasado gran parte de tu existencia dándote la espalda a ti mismo, por complacer a los demás.

Te han dicho constantemente cómo debes comportarte, pensar, actuar e incluso vestir.

Casi con toda seguridad has estado intentando satisfacer las expectativas de todos menos las tuyas propias.

Puede que te hayan hecho daño a través de la violencia y hayas pensado que el mundo es un lugar hostil y que la mayoría de las personas maltratan. Por eso te has cerrado a conocer a más personas e incluso a socializar.

Y ni qué decir del amor... algo que crees que a ti no te tocará en esta vida...

En tu cabeza resuena un **NO** limitador todo el rato, fruto de todos los **NOES** que te han repetido constantemente y a todas horas.

A lo mejor tus padres no supieron acompañarte a lo largo de las etapas de tu vida y te juzgaron, llegando a apagar la luz interior que brillaba en ti por todas partes.

Puede que incluso tu familia no fuera buena contigo y hayas atravesado la soledad de unos padres, que no han sabido hacerlo mejor y que te han hecho un daño inenarrable.

O puede que incluso ellos te hayan maltratado o abusado de ti de diferentes formas o maneras.

Puede que hayas llegado aquí porque la persona a la que amabas te ha destrozado y crees que nunca más volverás a tener amor en tu vida.

O puede que te sientas pequeño, indigno o insignificante.

Incluso puede que hayas querido morirte.

Quizás creas que no mereces lo bueno y que a ti todo siempre te saldrá mal.

Que la felicidad no va contigo y la suerte no está de tu lado.

Que cada cosa buena que te pasa trae consigo cinco malas.

Que nunca te toca nada más que sufrir en la tómbola de la vida.

Pero **NO ES ASÍ**.

**CRÉEME, ERES IMPORTANTE.** Ninguno de esos pensamientos negativos y limitantes son ciertos. Lo que sí es cierto es que todo lo que deseas se lo pides tú al universo mediante tus pensamientos y creencias. De ese modo aparece en el plano físico material.

Has de saber que detrás de todo ese dolor que experimentas,

**HOY UN CAMINO NUEVO SE ABRE PARA TI.**

**LEE Y APLICA TODO LO QUE APRENDERÁS EN ESTE LIBRO Y TE ASEGURO QUE TU VIDA CAMBIARÁ EXPONENCIALMENTE.**

**CRÉETE IMPORTANTE.**

## ESTÁS HECHO DEL MATERIAL DE LAS ESTRELLAS

Desde tiempos remotos hemos intentado saber cómo la raza humana ha llegado a evolucionar hasta convertirse en lo que es.

Muchos han sido los científicos y estudiosos que han dedicado su vida entera a tratar de entender el origen de la humanidad.

A principios del siglo XX hubo una corriente filosófica que asociaba nuestra presencia en el planeta Tierra al hecho de que nosotros somos también parte del cosmos en el que nos hallamos inmersos.

> «Cada hombre y cada mujer es una estrella».
> «El cosmos está también dentro de nosotros».
> (Aleister Crowley)

> «Estamos hechos de la misma sustancia que las estrellas».
> «Somos polvo de estrellas que piensa acerca de las estrellas».
> (Carl Sagan)

Chris Impey, profesor de astronomía de la Universidad de Arizona, fue categórico al confirmar que la materia orgánica que contiene carbono está fabricada del mismo material con el que originalmente se fabrica el cosmos.

> «Sé humilde porque estás hecho de tierra. Sé noble porque estás hecho de estrellas».
> (Antiguo proverbio serbio)

Ahora, tras estudios profundos sobre la composición de nuestro cuerpo, sabemos que el 97% está constituido por polvo de estrellas.

Es esta una idea poética, pero científicamente contrastada en los últimos años.

De manera primigenia el universo estuvo conformado principalmente por helio e hidrógeno.

Todos los átomos que nos componen y dan forma, llegaron a la Tierra tras explosiones de estrellas que estuvieron latentes y vivas unos cuatro mil quinientos millones de años atrás. Esos átomos contienen buena parte de nuestra materia prima corporal.

El programa de exploración *Sloan Digital SkySurvey*, estudió ciento cincuenta mil estrellas de la Vía Láctea. De esa investigación se alumbró la conclusión de que el 97% de la masa del cuerpo humano está formada por materiales que proceden del espacio exterior y que construyeron, en la antigüedad, todas las estrellas. O lo que es lo mismo: que somos, casi por completo, polvo de estrellas.

Ahora, ponte la mano sobre el corazón y di en voz alta

SOY UN SER DIVINO REPLETO DE
SABIDURÍA Y CONOCIMIENTO.

ANDO VIAJANDO Y APRENDIENDO EN EL CAMINO.

LA PERFECCIÓN DIVINA ME ACOMPAÑA
PORQUE ESTOY HECHO DE POLVO DE ESTRELLAS.

ME AMO Y ME RESPETO PORQUE YO SOY IMPORTANTE.

## SÉ EL CAPITÁN DE TU BARCO

e habrás dado cuenta de que en la cubierta de mis libros hay un barco de papel dibujado. Ese barco me representa a mí y a mi travesía por **LA NOCHE OSCURA DE MI ALMA.**

Para entender mejor de dónde viene y por qué lo llevo tatuado en mi brazo izquierdo, te invito a que leas mi libro *Cuando vinieron a por mí,* de la Editorial Planeta. De ese modo lo comprenderás con total claridad, ya que allí lo explico detalladamente. Puedes conseguirlo en *Amazon.*

Tras ese libro me sacudió mi **PROPÓSITO** en la vida. Llegó como si se tratase de un despertar, como una verdad revelada. Lo escribí tras atravesar un momento crucial en el que estaba enferma, sola y con un pie en la cárcel por un delito que no había cometido, pues me hicieron un montaje policial para desacreditarme y encerrarme.

En *Cuando vinieron a por mí* hablo de mi profesión como policía, del acoso que sufrí dentro del cuerpo policial y de la banda criminal de policías corruptos que ayudé a destapar. Pues desgraciadamente el crimen organizado no estaba fuera, sino dentro de la institución armada.

En el libro, narro mi duro camino como testigo protegido de la Fiscalía Anticorrupción de Baleares y todo lo que viví tras hacer lo correcto para limpiar la organización. Hablo del acoso que sufrí y de las graves consecuencias físicas que padecí, como mi problema con la bulimia. Enfermedad que fue mi vía de escape y mi forma de expresar el dolor inasumible que padecía.

Es un libro muy íntimo en el que explico cómo me convertí en un barco de papel que resiste todas las tormentas.

Un libro que fue la antesala de la visión de mi **PROPÓSITO.**

**Tú eres mi PROPÓSITO.**

**Acompañarte es mi PROPÓSITO.**

**Ayudarte es mi PROPÓSITO.**

Porque quiero que logres **CREER EN TU ENORME IMPORTANCIA.**

Conviértete, conmigo, en **EL CAPITÁN DE TU BARCO,** sé capaz de navegar cualquier tormenta. Te enseñaré las rutas que necesitas conocer para sortear las rocas. Y te alejaré de los cantos de sirena que tratarán de hacer que te pierdas en la travesía. Conozco el camino a la perfección, pues lo he navegado varias veces en la oscuridad más densa.

**CREO EN TI.**

**Y estoy aquí para hacerte ver**
**LO ENORMEMENTE IMPORTANTE QUE ERES.**

Te quiero.

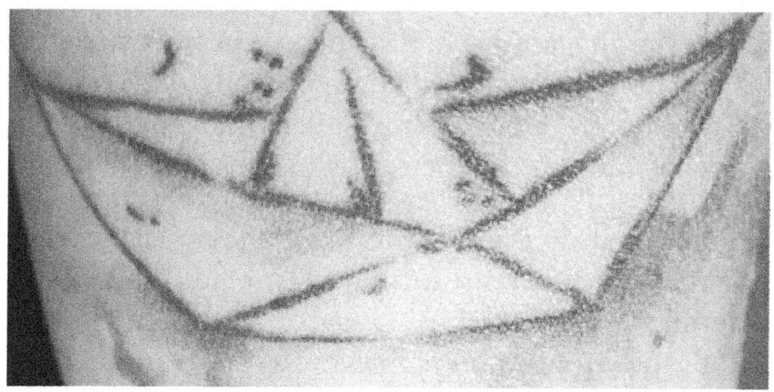

Este es el barco que llevo tatuado en el brazo izquierdo. Me lo tatué en un momento en el que solo podía hundirme o flotar. Yo floté y, aun siendo un barco de papel, logré atravesar las tormentas más fuertes y las olas más altas e inmensas. Quiero enseñarte a ser un barquito de papel.

## QUIÉN SOY YO

Querido lector, probablemente hayas oído hablar de mi historia o quizás sea la primera vez que cruzamos nuestras miradas.

Sea como fuere, voy a contarte cómo he llegado hasta aquí y cómo descubrí mi **PROPÓSITO** en la vida.

De niña siempre quise ser policía. Era mi sueño de infancia y de adolescencia. Todo lo que deseaba en la vida era lograr vestir el uniforme azul. Por eso me esforcé mucho y logré entrar en la academia, siendo la única mujer de una promoción de noventa personas.

Cuando me gradué, entré a formar parte de la Unidad Motorizada Pesada Nocturna, un grupo policial que realizaba sus funciones con una motocicleta de gran cilindrada. Un lugar históricamente masculino, en el que no había trabajado nunca una mujer.

Un tiempo después de llegar, unos policías empezaron a hacerme la vida imposible. Su objetivo era lograr que me fuera. No les gustaba la presencia de una mujer. En la vida a veces te encuentras con personas que tienen tanto miedo de sí mismos, que cualquier cosa que no entienden tratan de borrarla. Personas miedosas y asustadas... personas que caminan ciegas y hacen daño porque no ven.

Fue entonces cuando empezaron los ataques, las corrientes de opinión negativas sobre mi forma de trabajar, todas ellas basadas en mentiras e invenciones. Llegaron incluso a manipular mi motocicleta, poniéndome en riesgo de tener un accidente. En definitiva, mi día a día se volvió insoportable. Como trabajaba de noche comencé a observar el comportamiento poco ético de algunos compañeros que compadreaban con traficantes, movían de un lugar a otro a mujeres en situación de prostitución e incluso frecuentaban los clubes. Y fui testigo de situaciones que parecían dignas de una mafia organizada, más que de un cuerpo policial. Durante mucho tiempo anoté en una libreta todas aquellas situaciones que me resultaron llamativas y que pensé que podían ser constitutivas de delitos. Pero tenía miedo de denunciar porque sabía que eso traería consecuencias.

Al cabo de los años decidí dar el paso, porque se abrió una investigación muy importante contra algunos de mis compañeros de trabajo que estaban al servicio de la mafia. En ese momento pensé que debía ayudar a la justicia a alumbrar lo que estaba pasando dentro de mi comisaría y de ese modo me convertí en testigo protegido de la Fiscalía Anticorrupción de Baleares.

Denuncié la corrupción de la policía y también a los dos compañeros que me habían perseguido y maltratado durante años. Así que puede decirse, que me vacié completamente porque lo conté absolutamente todo, ya que no solo destapé la corrupción sino que también puse luz a las graves discriminaciones que suceden dentro de los cuarteles.

Pero mis acosadores dieron respuesta a mi denuncia. Se fueron al juzgado y me contradenunciaron acusándome de haber torturado a un detenido.

De ese modo me imputaron un delito que podía llevarme a la cárcel y que estaba basado en un montaje para tratar de callarme y quitarme del medio, desprestigiando así mi testimonio en la causa de corrupción. Pensaron tenerlo todo controlado y tener la clave para desactivarme como testigo de las corruptelas y víctima de sus maltratos.

Fue un momento terrible porque para entonces mi estado físico y mental estaba muy deteriorado, por el acoso al que me habían sometido durante años.

Con aquella denuncia falsa me colocaron en el lado criminal y la sola idea de ir a la cárcel me atormentaba. Además sabía que algunos de los policías que yo había señalado como partícipes de una mafia organizada, harían lo que fuera por tratar de que yo acabase encerrada. Incluido pagar a alguien para que testificara mentiras contra mí. O llegar a mentir en un juicio.

Pensé muchas veces que se me cerraban todas las puertas… que era el fin…

Pero los jueces vieron claramente que era un montaje por mi condición de testigo protegido y los metieron en la cárcel a ellos y a cuarenta agentes más, que formaban parte de una red corrupta dentro de la policía.

Aquella terrible situación prolongada, durante años, con el estrés añadido de todo lo que intentaron contra mí, me provocó lo que los médicos dijeron que era una enfermedad incurable: la bulimia. Perdí pelo, engordé mucho y mi cuerpo empezó a mostrar signos graves de debilidad y deterioro. Mentalmente estaba deprimida y devastada.

Me vine abajo por la situación que viví y por las amenazas de muerte que empecé a recibir. Tan graves fueron estas amenazas, que tuve cámaras de vigilancia puestas por el Ministerio de Interior en mi casa y un coche patrulla asignado para protegerme, ya que temían por mi vida y la de mi familia. La mafia no perdonaba y los juicios se acercaban, así que doblaron los ataques contra mi propiedad, para amedrentarme y que acabara retirando las denuncias.

Sentí que mi sueño de ser policía se desmoronaba. Que todo por lo que había luchado era una pesadilla y que no valía la pena seguir. Pensé en quitarme la vida varias veces por la presión gigantesca que sufría y porque había perdido la ilusión por las cosas.

Atravesé lo que en el libro llamo **LA NOCHE OSCURA DE MI ALMA.**

Pero un día una luz se encendió dentro de mí. Una luz antigua que venía de la mano de una fuerza intensa, que me llevaba más y más adentro de mí misma, en un camino de autodescubrimiento en el que estás solamente tú con quien eres en realidad.

Me encontré cara a cara con el ser que verdaderamente soy y surgió dentro de mí un amor increíble hacia mi **VERDADERA ESENCIA.** Fue entonces cuando decidí que iba a recuperarme de todo lo que había sufrido en la vida y que aquella situación debía hacerme mejor y más fuerte.

Así que empecé a cambiar mi manera de pensar y a cuidar de mí como nunca antes. Y de ese modo todo cambió también. Se abrió la vida para mí.

Tras unos meses de querer desaparecer de la faz de la Tierra, estaba ganando mi juicio en el Tribunal Supremo, la instancia Judicial más alta del país. Y lo hice con una sentencia que ha sentando precedente en la historia de España y que se estudia en todas las Facultades de Derecho de mi país y de otros países del entorno europeo. Una sentencia que deja un legado para otras personas que sufran acoso y que es un referente, en cuanto al castigo por estos delitos tan poco conocidos.

Al poco tiempo de ganar en la vía judicial me vinieron a buscar para formar parte de un proyecto político y me hicieron una oferta para entrar en unas listas electorales. Tras pensarlo mucho decidí embarcarme, porque siempre había tenido sentido de servicio público y pensé que era una buena forma de seguir sirviendo a la gente.

Y así fue como al año de estar enferma, hundida y sola, ganamos las elecciones y me convertí en la jefa política de la policía. Incluidos, claro está, aquellos que estaban siendo procesados por corrupción y todos contra los que yo había declarado. Siendo también la jefa de mis acosadores y sus cómplices que trataron de llevarme a la cárcel con mentiras.

Así que no solo no fui a prisión, sino que me convertí en su superior jerárquico.

Puedo decir que he gobernado la séptima ciudad más importante de España con la cartera de Justicia Social y manejando un presupuesto de millones de euros para las personas más desfavorecidas.

Pasado un tiempo me vinieron a buscar de las dos editoriales más importantes del mundo para pedirme que escribiera para ellos. Y en un año y medio había dos libros míos en las librerías de toda España.

En mi libro *Cuando vinieron a por mí,* cuento toda mi historia de la travesía de **LA NOCHE OSCURA DE MI ALMA.**

Al poco empezaron a llamarme para colaborar en televisiones y en radios de todas partes, tanto que me salieron proyectos incluso en países como México y Colombia. Y pronto me convertí en un referente y una voz indispensable en todo lo relacionado con los derechos humanos y la lucha contra las discriminaciones.

Pero yo sentía que aquello no era para mí. Que no era mi **PROPÓSITO** en la vida y que aunque estaba siendo valorada y tenía un sueldo bueno, no era lo que yo quería hacer. Las dinámicas políticas de las conspiraciones y de las envidias me hacían pensar acerca de si estaba en el lugar adecuado para mí. Yo sabía que no era mi **PROPÓSITO** en la vida y que debía ir más allá, pero no sabía hacia donde. Me sentía en una especie de campo vallado en el que sin duda podía hacer muchas cosas pero del que no podía salir porque estaba limitado.

Crecí en las redes sociales con más de ciento cincuenta mil seguidores, escribí en los diarios más importantes, todas las grandes cadenas me pedían colaboraciones... pero había algo en mí que se sentía vacío. Terriblemente vacío. Y que pensaba que de ese modo, mediante la guerra política y el intentar denostar al otro, no se cambiaban las cosas. No creo que el mundo se pueda cambiar a mejor desde el ataque, la guerra dialéctica y un trabajo de fondo para tratar de humillar al otro, desvalorizándolo y sacándole las vergüenzas.

Al cabo de unos meses de estar gobernando llegó la pandemia del covid y los servicios de atención a las mujeres sin hogar, víctimas de violencia machista que yo gestionaba, se desbordaron. Lo recuerdo como la situación más difícil de mi vida. Las casas de acogida rebosaban de mujeres y niños y niñas que huían de la violencia en sus hogares y necesitaban un sitio donde estar, mientras el mundo se cerraba y nos confinaban en casa. En el momento en que tu casa era el único lugar en el que podías resguardarte, montones de mujeres se veían obligadas a salir huyendo de sus hogares porque sus parejas usaban la pandemia para agredirlas más que antes. Era terrible.

Yo era la máxima responsable de aquellas personas que necesitaban, más que nunca, un lugar digno al que llegar, un techo. Y entonces, me propuse la misión de salvar aquella situación como fuera, pero teniendo claro que no iba a dejar ni a una sola mujer en la calle con sus hijos durante mi mandato.

Y así fue. Reuní al equipo y cogí el timón de la situación, removí todos los recursos económicos para lograr dar un hogar en mitad de la desolación a los más desfavorecidos. Y pasé por encima de muchas críticas interesadas que no vieron con buenos ojos lo que era un reparto justo y de sentido común. Pero en política ese es el menos común de los sentidos y aunque era evidente que había prioridades, nadie quería perder su subvención de cada año.

Fueron unos meses muy complicados en los que logré salvar la situación y ampliar de manera histórica el presupuesto para atender a estas personas.

No salía de mi asombro viendo a mis compañeros, políticos profesionales, hacer mil triquiñuelas con tal de llevar adelante su programa inicial, sin importarles la vida de la gente y sin atender las demandas que la nueva situación requería. Y volví a sentir que aquel no era mi sitio.

¿Cómo podían pensar en poner césped en los campos de fútbol en un momento en el que estábamos encerrados y viendo morir a miles de personas? ¿Cómo podían pensar en proyectos para peatonalizar calles cuando todo se desmoronaba?

Para cuando entramos en el segundo año de gobierno yo andaba pensando cada vez más que aquello no era lo que yo quería para mí. Básicamente porque necesitaba hacer algo con toda mi vivencia. Algo que fuera transformador y aportase luz a otras personas. Pero no sabía cómo hacerlo y me sentía desesperada a veces.

Y un día recibí una llamada y una propuesta de reunión en Madrid para una oferta política importante. Se trataba de ir de cabeza de lista y de cartel al Congreso de los Diputados, la más alta instancia política del país. El puesto más honorable que puedas tener y que significaba más dinero, más estatus y más poder.

Pero para aquel entonces yo había dejado de creer que la política fuera capaz de cambiar un mundo, que claramente se mostraba enfermo y necesitado de luz.

Llevaba mucho tiempo pensando que era imposible que en un ambiente en el que se vibraba en una energía de ataques personales, de descrédito y de envidia, se pudieran alumbrar mundos mejores. Así que decliné la oferta y anuncié en los medios de comunicación que dejaba la política, tras acabar la legislatura. Quería mantenerme fuera de la escena todo lo que pudiera, porque necesitaba centrarme en la búsqueda de mi **PROPÓSITO**. Necesitaba saber qué era lo que mi corazón deseaba hacer.

Todos los días recibía mensajes de decenas de personas que me contaban sus vivencias. Me escribían mujeres que habían sido maltratadas, violadas, abusadas y que habían sufrido múltiples situaciones dolorosas. Personas que habían sido acosadas y que habían desarrollado desequilibrios emocionales y físicos.

Yo siempre contestaba agradeciéndoles el testimonio pero sin saber qué poder entregarles. Sin saber ir más allá para ayudarlas. Sintiéndome fatal por no poder aportarles luz y verme atada de pies y manos recibiendo solo su dolor.

Y fue a través de aquellos cientos de mensajes, que descubrí mi ***DHARMA***. Yo necesitaba poder ir más allá de todo aquello.

Necesitaba que todo mi dolor fuera transformado en positivo y así es como llegó **LA REVELACIÓN.**

Entonces supe todo lo necesario.

Supe que debía usar mi experiencia personal para ayudar a otras personas a atravesar **LA NOCHE OSCURA DEL ALMA.**

Y fui con todo, como nunca antes.

**Quiero que creas lo enormemente importante que eres.**
**TANTO, QUE ERES MI MOTIVO Y MI RAZÓN.**

## TE LO MUESTRO EN IMÁGENES

Cuando me convertí en Testigo Protegido de la Fiscalía Anticorrupción de Baleares, para ayudar a la Justicia a detener a la banda de policías corruptos de mi comisaría.

Menú

El Confidencial

Iniciar sesión

LIBRO

Miedo y asco en Palma: la policía que destapó la trama de corrupción más sucia

La exagente y actual concejala de Palma Sonia Vivas publica 'Cuando vinieron a mí' sobre el acoso que sufrió tras destapar las corruptelas en la capital balear

Sonia Vivas en una fotografía promocional.

Yo fui testigo Protegido de la Fiscalía Anticorrupción en esta Macrocausa, contra el crimen organizado dentro de la policía.

Diario de Mallorca

MALLORCA › DIARIO DE PALMA PART FORANA SUCESOS MUNICIPIOS

El juez Morell procesa a 35 imputados en el caso Cursach por integrar una gran trama corrupta

La mayoría de los encausados son agentes y mandos de la Policía Local de Palma que se compincharon con empresarios de la noche para hundir a la competencia

EL MUNDO

España Opinión Internacional Economía Sociedad Deportes Cultura Ciencia Tecnología Tv Más

CORRUPCIÓN POLICÍA LOCAL DE PALMA

La Policía Local de Palma: sexo gratis con prostitutas, palizas y jamones

Los policías que colaboramos con la Justicia teníamos miedo porque nos atacaron en múltiples ocasiones.

Público INICIA SESIÓN ÚNETE A PÚBLICO

EXCLUSIVA | LAS CLOACAS DE BALEARES

## La mafia policial de Cursach se organiza para intimidar a los investigadores y los testigos

El Tribunal Superior de Justicia de Baleares desestima otra de las querellas de imputados y socios de JAVA contra el juez que instruyó la causa sobre la organización criminal en la Policía Local de Palma de Mallorca. Veinticinco agentes de la capital balear, muchos de ellos investigados o incluso condenados, han montado una asociación de supuestas "víctimas de arbitrariedades judiciales" a través de la que intentan amedrentar a los denunciantes de la trama mafiosa del 'rey de la noche'.

Público INICIA SESIÓN ÚNETE A PÚBLICO

EXCLUSIVA | LAS CLOACAS DE BALEARES

## La Policía Local de Palma montó una unidad para dirigir a las prostitutas de Playa y Arenal

La mafia policial mallorquina destapada con el caso Cursach puso en marcha un servicio de espionaje llamado SIAP que se dedicó a controlar el negocio de la trata y prostitución en la Playa de Palma y S'Arenal, elaborando una base de datos de las prostitutas y los sicarios rumanos que les hacían de proxenetas, con el fin de disponer de la información necesaria para los fines de la organización criminal que se enriquecía con los puticlubs, la explotación de mujeres inmigrantes y el narcotráfico.

Diario de Mallorca

MALLORCA › DIARIO DE PALMA PART FORANA SUCESOS MUNICIPIOS

## Los policías locales de Palma que destaparon la corrupción temen represalias

**Uno de ellos ya ha sido imputado por una querella que le ha presentado un comisario, que le acusa de un delito de calumnias**

Cati Cladera · EFE

GRANDES HISTORIAS    CORRUPCIÓN EN BALEARES

# Cursach, padrino sin piedad: drogas, políticos, policías, putas y un 'fiambre'

"A este dale medicina", habría dicho el 'capo' del ocio en las Islas Baleares para liquidar a un testigo. Los tentáculos de 'Tolo', como se le conocía, llegaban a las esferas políticas y policiales.

CASO CURSACH ›

# Procesados 32 miembros de la mafia policial de Palma del 'caso Cursach'

La causa investiga la connivencia de los agentes municipales con empresarios de ocio nocturno, entre ellos Bartolomé Cursach, para perjudicar a los negocios de la competencia

LUCÍA BOHÓRQUEZ

 POLÍTICA 

MAFIA POLICIAL EN BALEARES ›

# Sexo, drogas y corrupción en la policía local de Palma

El sumario sobre presuntas ilegalidades en el cuerpo salpica al presidente del PP de Palma y revela extorsiones y tratos de favor a empresarios

LUCÍA BOHÓRQUEZ

ABC

**Corrupción en la Policía Local de Palma: «Son maestros del engaño y la manipulación del pruebas»**

- Un juez de Instrucción y un fiscal Anticorrupción de Baleares, que han sido amenazados, se enfrentan a una trama de agentes dedicada «al chantaje, la coacción, la intimidación y el uso torticero y arbitrario del poder en beneficio propio»

PABLO MUÑOZ

Actualizado:02/12/2015 02:07h

Mi caso de acoso fue de las primeras piezas separadas que se juzgaron dentro de la Macro causa de corrupción.

Ultima Hora

Sucesos

**Un policía local imputado amenazó a Sonia Vivas tres días antes del juicio**

Público INICIA SESIÓN ÚNETE A PÚBLICO

LESBOFOBIA

**El infierno que relató Sonia Vivas en el juicio contra dos policías: insultos, ataques a su vivienda y al colectivo 'trans'**

La expolicía Sonia Vivas, actual concejala de LGTBI de Palma de Mallorca, explicó en la vista oral, en 2018, que los agentes condenados crearon en su contra una corriente de opinión en el cuartel que la impidió promocionarse y la aisló de los compañeros.

ANA MARÍA PASCUAL @Anmariapascual

MADRID, 27/01/2021 20:06 · ACTUALIZADO: 27/01/2021 20:18

**Ultima Hora**

Sucesos

## Sonia Vivas: «Pensaba que me iban a matar»

Sonia Vivas, a su llegada a los juzgados, ha recibido el apoyo de decenas de personas. | **A. Sepúlveda**

**Europa Press** Palma 11/06/2018

**Ultima Hora**

Sucesos

## 'Cazan' a una pareja siguiendo y grabando a Sonia Vivas por las calles de Palma

**Julio Bastida** Palma 02/07/2018

**Ultima Hora**

Sucesos

## Destrozan el coche de la policía local que denunció homofobia en Sant Ferran

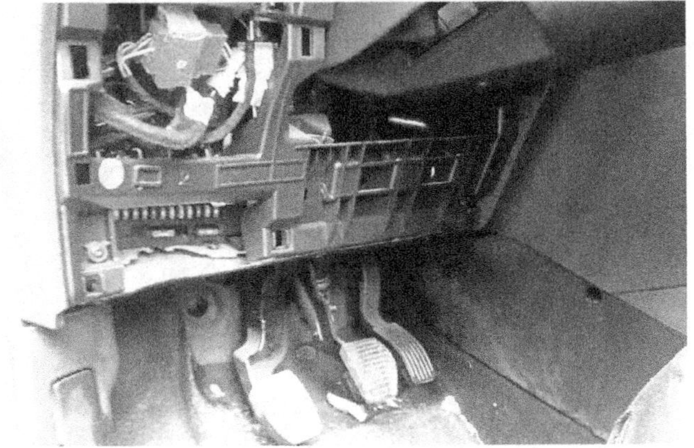

Los delincuentes accedieron al interior del turismo y arrancaron el cableado. | **Julio Bastida**

**Julio Bastida** Palma 26/04/2018

**elDiario.es**

Carne Cruda Blogs y opinión

## La cloaca policial: homofobia, machismo y corrupción

Entrevista con Sonia Vivas, expolicía y autora de "Cuando vinieron a por mí"

**Consuma Crudeza con Brenda Chávez** — Escúchalo aquí

**Ultima Hora**

Sucesos

## La Audiencia condena a cuatro y dos años a dos policías en la pieza de Sonia Vivas

Imagen del juicio. | A. Sepúlveda

Víctor Malagón Palma 27/06/2018

**Diario de Mallorca**

MALLORCA › DIARIO DE PALMA PART FORANA SUCESOS MUNICIPIOS

## Uno de los policías condenados por el acoso a Sonia Vivas pide el indulto al Gobierno

Rafel Puigrós, que ha recurrido también al Constitucional, solicita aplazar su ingreso en prisión hasta que se pronuncien el alto tribunal y el Ejecutivo

Marcos Ollés

Palma | 21·04·21 | 04:00

Público INICIA SESIÓN ÚNETE A PÚBLICO

DERECHOS HUMANOS

## Por primera vez, un policía cumplirá una pena de cárcel por homofobia, al confirmar el Supremo la sentencia del caso Sonia Vivas

Un triunfo para la concejala de Justicia Social del Ayuntamiento de Palma de Mallorca, la expolicía Sonia Vivas, y también para el colectivo LGTBI, después del infierno vivido por ser lesbiana en la Policía Local de Palma. El Tribunal Supremo confirma las condenas de cárcel por coacciones y denuncia falsa para dos agentes. El de mayor condena, tres años y cinco meses, deberá ingresar en prisión.

ACTUALIDAD

## El calvario de Sonia, la agente que denunció el mayor caso de corrupción policial en Mallorca

Esta policía local de Palma denunció la trama de corrupción que investigaba el juez Castro y que implicaba a varios agentes. Ahora cuenta el infierno que pasó en el libro 'Cuando vinieron por mí'.

13 mayo, 2021 - 01:10

Llegada al juzgado el primer día de mi juicio

europa press

## El Tribunal Supremo confirma la condena de cárcel a los policías acusados de coacciones a Sonia Vivas

Foto de archivo del juicio contra los policías locales por insultos de homofobia a Sonia Vivas. - Europa Press - Archivo

PALMA, 26 Ene. (EUROPA PRESS) -

elDiario.es

## El Supremo pone fin al 'via crucis' de la concejala de Podemos en Palma en su batalla contra los dos policías que la vejaron por ser lesbiana

El Alto tribunal confirma la condena del Tribunal Superior de Justicia de las Islas Baleares (TSJIB), que dictó penas de tres años y cinco meses de prisión y de un año y tres meses por delitos de coacciones, denuncia falsa y falso testimonio

**Diario16**

## Un policía irá a prisión por homofobia por primera vez en España

El Supremo confirma las condenas a dos agentes locales por coacciones y denuncia falsa sobre su ex compañera y actual concejala de Justicia Social, Feminismo y LGTBI del Ayuntamiento de Palma de Mallorca

| 26/01/2021 0

**Diario de Mallorca**

SONIA VIVAS Concejala y escritora

## «Tengo muy claro que la mafia policial de Palma ni olvida, ni jamás perdonará»

La regidora de Podemos asegura que «ningún gobierno ha sido capaz de defender a los héroes que denunciaron la corrupción»

J.F. Mestre Palma | 09·05·21 | 01:00

Cambié mi manera de pensar y me amé lo suficiente como para transformar la peor situación de acoso posible. Más adelante acepté formar parte de una serie de televisión que se llamaba Acosados, donde conté todo lo que estaba atravesando por ser testigo protegido y denunciar mi situación.

5 TELECINCO

ACOSADOS

Sonia tiene miedo de las represalias por haber denunciado a sus compañeros policías: "Si no es ahora, algo me pasará"

telecinco.es
02/10/2020 - 02:10h

LA VANGUARDIA

Sociedad

SONIA VIVAS

De ser acosada en la Policía Local por lesbiana a posible "jefa de todos ellos"

• La candidata de Podemos habría solicitado ser la regidora de Seguridad Ciudadana en Palma

Y logré convertirme en la jefa de todos los policías que me habían acosado.

Ajuntament de Palma

Inicio

Biografia Sonia Vivas Rivera

- Biografía
- Agenda
- Declaración de actividades
- Declaración de bienes
- Grupo municipal
- sonia.vivas@palma.cat

Nació en Barcelona en 1978.

Estudió Pedagogía y se graduó en Educación Social en la UNED.

Experta en Ciencias Forenses y Derecho Sanitario.

Se especializó en delitos contra las libertades fundamentales y creó y lideró la Unidad de Atención a los Delitos de Odio de la Policía local de Palma.

Delegada de Gaylespol en Baleares, mediadora familiar en Crysallis Baleares y miembra del Consejo LGTBI de la Comunidad autónoma como persona experta.

Impartió formación en Latinoamérica formando en derechos humanos a la policía Federal de Medellín Colombia.

Colaboró en el proceso de Paz Colombiano e impartió formación a comunidades LGTB y lideres comunitarios de las Comunas de Medellín Colombia.

Policía de la unidad nocturna de la Policía Local de Palma durante trece años.

Escritora en Diario16, Público y la República como columnista de opinión.

Activista social, feminista y mujer lesbiana.

Fecha última modificación:11 de Diciembre de 2019

## RECONOCIMIENTO INSTITUCIONAL A MI TRAYECTORIA

**Irene Montero**
@IreneMontero

La homofobia no cabe en ningún rincón de nuestra sociedad y así lo reafirma la justicia. Compañera @soniavivasrive3 gracias por tu compromiso diario con los derechos humanos. La Ley LGTBI va a proteger la dignidad y la vida de todas las personas.

Irene Montero. Ministra de Igualdad.

**Virginia P. Alonso**
@Virginiapalonso

Por primera vez, un policía cumplirá una pena de cárcel por homofobia contra @SoniaVivasRive3

A veces se hace justicia. Mi enhorabuena, querida Sonia, una mujer luchadora y valiente a la que han intentado hacer la vida imposible.

Virginia P. Alonso. Directora de *Público*.

**Carlota Corredera**
@CarlotaLlauger

Enhorabuena, Sonia, gracias por no rendirte 
 @SoniaVivasRive3

Carlota Corredera. Presentadora de televisión.

Carlota Corredera ya contó mi historia en su libro junto con la historia de otras mujeres como la cantante Chenoa o la actriz Anabel Alonso.

**Kika Fumero**
@KikaFumero

En respuesta a @SoniaVivasRive3

Enhorabuena, compañera, por fin justicia!!  

8:09 p. m. · 26 ene. 2021 · Twitter for iPhone

Kika Fumero. Directora del Instituto Canario de Igualdad.

**Boti García Rodrigo**
@btcpd

Me da mucha alegría y te mando un gran abrazo de enhorabuena: este triunfo tuyo -conseguido con tantísima lucha y empeño- es un gran triunfo en la lucha contra la LGTBIfobia. ¡Enhorabuenísima, @SoniaVivasRive3!

Boti García Rodrigo. Directora General de Diversidad del Gobierno de España.

**Ignacio Escolar**
@iescolar

El Supremo pone fin al 'via crucis' de la concejala de Podemos en Palma en su batalla contra los dos policías que la vejaron por ser lesbiana

Ignacio Escolar. Director de *elDiario.es*

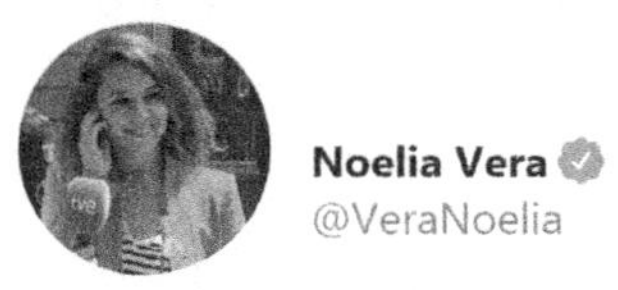

**Noelia Vera**
@VeraNoelia

La perseverancia de @SoniaVivasRive3 ante la homofobia, la falsedad y el acoso al que ha sido sometida durante años ha dado frutos. Orgullo de compañera.

Noelia Vera. Secretaria de Estado de Igualdad y Contra la Violencia de Género

**Mª Victoria Rosell Aguilar**
@VickyRosell

Querida @SoniaVivasRive3 enhorabuena por la sentencia. No repara años de acoso, humillaciones, denuncias falsas... pero la victoria judicial, aunque se quede corta, ayuda. Sobre todo a otras a creer que sí se puede. Aunque el corrupto sea policía, o juez. #VivasNosQueremos

Victoria Rosell. Magistrada y delegada del Gobierno para la Violencia de Género.

## EL TRABAJO DE MIS ÚLTIMOS AÑOS

La primera vez que conté mi historia en medios de comunicación lo hice a través de la plataforma *Playground* con este vídeo que se viralizó rápidamen

Televisión Española. *La Hora de la Uno*. 17 de mayo de 2021.

Televisión Española. *Cafè d´idees.* Mayo 2021. Con Gemma Nierga.

Con Atresmedia y Onda Cero, amadrinando el Foro Talento. Con las presentadoras Sandra Golpe y Elka Dimitrova.

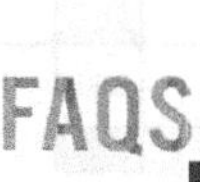


TV3. *Preguntes freqüents.*

TV3. *Tot es mou.*

Cadena Ser Barcelona.

Presentando la Unidad de Delitos de odio de la Policía Local de Palma.

## SOLO SOY LA HERRAMIENTA

Este libro es el resultado de una búsqueda espiritual muy intensa, unida a mi experiencia personal. Yo solo soy el instrumento que el Universo utiliza para hacerte llegar todo aquello que debes conocer **AHORA.**

Cuando estás preparado, aparece el maestro.

Todo lo que te explico en esta saga, funciona. Y lo hacen simplemente porque son las bases de un diálogo íntimo contigo mismo. Yo los he probado y mi vida ha cambiado de manera maravillosa. Por eso estoy aquí, para ayudarte en tu camino porque no vengo a hablarte de cosas que no conozco, sino que lo hago desde mi propia experiencia.

Formar parte de ***LA COMUNIDAD DEL LATIDO***, es asumir una filosofía de vida a la que tu mismo le irás dando forma. Un modo de pensar que contradice, muchas veces, todo lo que te han contado sobre lo conocido: sobre nuestro origen, sobre la evolución y sobre la existencia, o no, de una inteligencia superior. Una filosofía que será la tuya porque está especialmente inbricada con tu camino y emana solo de ti.

Formar parte de ***LA COMUNIDAD DEL LATIDO*** implica aprender un modo nuevo de actuar y de moverte en el universo.

Bienvenido.

Te quiero.

# ACLARACIÓN

Ni soy religiosa, ni tengo relación con ninguna iglesia.

Todo lo que explico y cuento en este libro está libre de los dogmas de ninguna estructura opresiva.

Lo digo porque hablo de **DIOS**, sí, de un **DIOS** que se comunica con nosotros a través de las emociones, que escucha nuestros deseos y nos provee, que nos comprende y nos ama en plenitud tal y como somos. Que adora nuestro esplendor y cada milímetro de nuestros ser. Ese **DIOS** que nada tiene que ver con el mezquino, egoísta y castigador que muestran las religiones.

Respeto todas las creencias y soy consciente de que hay personas maravillosas en todas partes, pero no creo en las Instituciones que empequeñecen al ser humano. Esas que a través de la moral, crean culpas y culpables. Esas que hacen discurso atacando a las personas diversas y que nos aleja de la verdadera palabra de Jesús de Nazaret.

Una palabra que era el amor profundo a la creación y a lo que somos en realidad, hijos e hijas de **DIOS**.

Así que no busques vestigios religiosos aquí, porque lo que encontrarás es un **MOVIMIENTO NUEVO Y LIBERADOR DE LA RAZA HUMANA.** Un movimiento capaz de llevarte a un **NIVEL SUPERIOR PARA SANAR EL MUNDO.**

## ESTA ORACIÓN ES PARA TI

Sé que llevas en el camino ya mucho tiempo y que mientras lo transitabas te has sentido triste, solo, desvalido, abandonado, asustado o dueño de un dolor sin límites. Sé que no ha sido fácil y que parte de esa dificultad proviene de una falta de conexión contigo mismo. De una falta de amor propio por encima de todas las cosas que hay en el universo.

Por eso quiero que con esta oración conectes con la persona que eres en realidad y te permitas expandirte en todos los sentidos y hacia todas partes.

Porque no hay en el universo nadie como tú.

Porque eres único e irrepetible.

Porque eres importante y te necesitas a ti mismo, más que nada y por encima de todas las cosas.

Ponte la mano en el pecho y dite a ti mismo en voz alta:

.............

SOY UN SER DIVINO REPLETO DE
SABIDURÍA Y CONOCIMIENTO.

ANDO VIAJANDO Y APRENDIENDO EN EL CAMINO.

LA PERFECCIÓN DIVINA ME ACOMPAÑA
PORQUE ESTOY HECHO DE POLVO DE ESTRELLAS.

ME AMO Y ME RESPETO PORQUE YO SOY IMPORTANTE.

## CÓMO TRABAJAR CON ESTE LIBRO

Este libro es, un **MÉTODO DE SIETE PASOS**, para que camines hacia la persona que eres en realidad y **TE PERMITAS BRILLAR** con tu propia luz.

Con los ejercicios que propongo dentro de él, podrás abrir la puerta a una gran transformación personal que te conducirá, de lleno, a **TU ESENCIA.**

Una vez allí, los cambios se manifestarán en todos los ámbitos de tu vida.

Para que los enormes beneficios de las actividades que te propongo funcionen plenamente, es bueno que hayas leído ***LA SAGA DEL LATIDO*** completa. Si no lo has hecho no pasa nada, está bien, los cambios se manifestarán igualmente, pero quizás te falte un poco de base teórica de estudio para poder integrar algunos conocimientos a medida que avanzas.

Por ese motivo he dedicado un capítulo a los **PRINCIPIOS UNIVERSALES**, a los que ya hago referencia en mi libro *Créete importante*. Porque sin conocerlos, caminamos ciegos, así que, como son imprescindibles, no he podido dejarlos atrás.

**MI RECOMENDACIÓN ES QUE LEAS LA SAGA DEL LATIDO COMPLETA, ANTES DE REALIZAR LOS EJERCICIOS.**

Pero si has adquirido este libro y no tienes **LA SAGA**, no te preocupes, avanza y haz los ejercicios como te propongo y verás el modo en el que tu vida se abre. **ES REVELADOR.**

Hay muchas personas que primero llegan a este libro y después estudian ***LA SAGA DEL LATIDO*** completa. Así que está bien como desees hacerlo tú.

Cada persona es un mundo y, sea como fuere, los cambios que vas a ver manifestados van a ser igualmente asombrosos.

Como ya sabes, este libro tiene dos partes:

La parte teórica y la parte práctica.

El método está diseñado para hacer las dos a la vez. Te lo he explicado antes: depende de si estás **COMPROMETIDA O IMPLICADA**.

Si estás solo **COMPROMETIDA**, está bien, habrá cambios positivos en tu vida leyendo el libro y haciendo introspección.

Pero **SI QUIERES LOS CAMBIOS PROFUNDOS Y EMPEZAR A VIVIR SIN LASTRES, IMPLÍCATE.**

Si estás **IMPLICADO** haz los ejercicios por secciones y en orden siguiendo la metodología.

Con este método, obtendrás unos cambios tan reveladores que **ALUCINARÁS** con tu **PROGRESO**.

Detente en cada ejercicio y déjate sentir.

Durante el proceso de lectura y de trabajo, anota todo aquello que creas que es importante, para volver sobre esa idea más adelante.

El libro de ejercicios es un **CUADERNO DE BITÁCORA**. Una herramienta muy importante que te ayudará en el camino que vas a realizar, ya que te permite ir trazando un **MAPA** de tu proceso, progreso y evolución.

Eso te permitirá volver sobre algunas cuestiones más adelante, sin dejarte nada por el camino.

De ese modo puedes consultar tu propio desarrollo y llevar un control de tus avances.

¿Estás preparado?

Vamos, vamos, ¡¡¡¡vamos adelante!!!!

## PARA LOS IMPLICADOS

Ahora debes tener a mano el libro de ejercicios, para poder empezar a combinar la lectura con el trabajo práctico.

Es importante que recuerdes que debes hacer todos los ejercicios, incluso que aquellos en los que creas que no vas a encontrarte resistencias, o que pienses que no tienes nada que aportar, porque está todo ok y superado en ese aspecto.

**HAZLOS TODOS Y HAZLOS POR ORDEN.**

No te saltes ejercicios porque el orden está diseñado a propósito para tu desarrollo interior y la apertura paulatina de todo tu potencial.

Si te niegas a hacer alguno, márcalo y explica porqué te niegas. En esa razón está el motivo que debes usar como motor, para hacer ese ejercicio, por encima de cualquier otra cosa.

Supéralos todos y comprobarás los enormes cambios. Aunque duela.

Tu vida se abrirá y las bendiciones y milagros llegarán por todas partes. Te sentirás mejor y sanarás tu cuerpo y tu alma.

En el libro de ejercicios puedes hacer marcas para regresar a alguna tarea más adelante. Algunas personas quieren volver a hacerlos de nuevo.

Muchos estudiantes tienen que volver sobre sus pies, alguna vez, para refrescar ciertas cosas. Eso es bueno y fortalece el proceso.

Pero antes de seguir, debes anclar dentro de ti y asumir **LAS NUEVE VERDADES DEL PODER.**

Aceptarlas es condición sine qua non para poder coger el timón de tu barco y navegar hacia donde quieras.

Estas **NUEVE VERDADES DEL PODER** son:

VERDAD NÚMERO 1
Somos responsables de nuestras experiencias.

VERDAD NÚMERO 2
Los pensamientos crean nuestro mundo.

VERDAD NÚMERO 3
Podemos cambiar pasado y futuro desde el presente.

VERDAD NÚMERO 4
El amor a uno mismo y la aceptación, cambiará por completo tu vida.

VERDAD NÚMERO 5
El perdón te hará libre. Perdonar y perdonarte.

VERDAD NÚMERO 6
Los pensamientos son cosas que se pueden cambiar.

VERDAD NÚMERO 7
Todos estamos de viaje y nos enfrentamos a los mismos miedos.

VERDAD NÚMERO 8
A todos nos afectan la crítica, el resentimiento y la culpa.

VERDAD NÚMERO 9
El amor es el camino que te hará llegar a tu verdadero centro.

→ Integra **LAS NUEVE VERDADES DEL PODER** y asume tu poder desde la responsabilidad que tienes contigo y con tu vida.

→ Cambia tu mundo y cambiarás el mundo también.

→ Ábrete a aceptar las **NUEVE VERDADES DEL PODER.**

→ Ábrete a cambiar tu sistema de creencias.

→ Ábrete a hacer los ejercicios sin juzgarte.

→ Déjate ser.

→ Ábrete a hacer los ejercicios, sin criticarte, ni reprenderte.

→ Asume la responsabilidad de tu propia vida.

→ Vuelve a **LAS NUEVE VERDADES DEL PODER**, cada vez que sientas dudas.

Si te sientes inseguro durante algún ejercicio y comienzas a pensar:

«Esto no vale la pena, no sirven para nada, no son ejercicios importantes, yo estoy bien y no necesito nada de todo esto...»

**PÁRATE: SON TUS RESISTENCIAS TRATANDO DE QUE NO AVANCES.**

Así que vuelve a esta página y lee de nuevo **LAS NUEVE VERDADES DEL PODER**, ponte la mano en el corazón y repite:

SOY UN SER DIVINO REPLETO DE
SABIDURÍA Y CONOCIMIENTO.

ANDO VIAJANDO Y APRENDIENDO EN EL CAMINO.

LA PERFECCIÓN DIVINA ME ACOMPAÑA
PORQUE ESTOY HECHO DE POLVO DE ESTRELLAS.

ME AMO Y ME RESPETO PORQUE YO SOY IMPORTANTE.

## APOYOS EN TU PROCESO

El trabajo autodidacta y en solitario puede ser una experiencia de introspección impresionante. Te dejo algunas claves que te ayudarán a llevar adelante esta tarea de re- redescubrimiento personal:

- Primero léete el libro una vez de pasada. Ahonda en lo teórico. De ese modo la teoría te servirá de base para la realización de los ejercicios que te llevarán a la transformación que deseas.

- Una vez hecho esto, lee el libro haciendo todos los ejercicios propuestos en el libro de ejercicios. Haz incluso haz aquellos que pertenecen a áreas en las que piensas que no tienes limitaciones o bloqueos. A veces nos sorprendemos de las enormes raíces que tienen nuestros estancamientos. Y en muchas ocasiones, detrás de esa pantalla, tras la que creemos que está todo bien, se esconden lo verdaderos frenos a nuestro progreso. Por eso es importante que sigas adelante y los hagas **TODOS.**

- En aquellas áreas que tienes problemas, debes repetir los ejercicios con frecuencia hasta ver que estás más tranquilo y que lo has superado. Hazlo solo con aquellos que no has podido acabar, o cuyos resultados te han dejado insatisfecho. Es más transformador volver a hacerlos dentro de un tiempo que insistir. Siempre y cuando no haya un bloqueo real que te impida seguir adelante. Por eso puedes ponerles una señal y seguir avanzando. Pero **RECUERDA VOLVER LUEGO.**

- Permítete aflorar las emociones. De ese modo te abrirás a sentir y a dejar ir todo aquello que te hace daño y que quiere y necesita, ser manifestado.

- Llora si sientes que deseas hacerlo. Llorar es bueno pues libera emociones que si no son expresadas se nos quedarían enconadas dentro.

  Piensa que las lágrimas limpian muchísimo y que tienen importantes bondades:

  - Te permiten expresar emociones tanto positivas como negativas.
  - Alivian el estrés, la ansiedad y el dolor.
  - Tienen un efecto calmante.
  - Mejoran el sueño y el humor.
  - Ayudan a deshacernos de las bacterias.
  - Te ayudan a hacer labores de introspección.
  - Realiza los ejercicios de manera estructurada. No hagas saltos porque puedes perder el hilo y los ejercicios están ordenados por bloques de intensidad en el trabajo.

En mi página web encontrarás materiales muy útiles para desarrollar la impresionante transformación que vas a hacer.

Hay personas que llegan hasta aquí al inicio de su camino interior, libres de muchas cargas. Pero hay muchas otras que caminan pesadas, doloridas, con los pies cansados y el alma llena de llagas...

Si ese es tu caso y no quieres comenzar en soledad, un camino que sabes que será doloroso, no te preocupes porque no has llegado hasta aquí para seguir sufriendo.

Este proceso tiene que ser una bella revelación para ti.

Si necesitas, o crees que te vendría bien, una ayuda extra para recorrer este camino, entra en este enlace y verás las diferentes formas que tengo de poder acompañarte.

Te quiero.

Los pasos que te llevarán directo a la felicidad son:

Paso 1
Cambia tu mapa de ideas.

Paso 2
Recorre el camino del dolor.

Paso 3
Conoce y aplica las Reglas Universales.

Paso 4
Conoce y aplica los principios básicos de la Biblia y el Tao.

Paso 5
Tira las veinte cargas.

Paso 6
Declara quién eres.

Paso 7
Sigue estudiando para la transformación diaria.

PASO 1.

# CAMBIA TU MAPA DE IDEAS

«Es la mente la que hace el bien o el mal. La que hace mísero o feliz, rico o pobre»
(Edmund Spenser)

## CREENCIAS Y MAPAS DE IDEAS

iStock.com/ wildpixel

Este libro representa el camino de **TU CAMBIO PERSONAL.**

Si quieres transformar tu vida y que **TU VIDA CAMBIE,** en la dirección que deseas, **ERES TÚ QUIEN DEBE CAMBIAR.**

En la mayoría de ocasiones queremos que sean los demás quienes cambien, para que se acaben adaptando a lo que nosotros deseamos. Nos empeñamos con fuerza en cambiar al resto de personas con las que coincidimos, y ponemos en juego todo nuestro potencial para cambiarlo todo y a todos, menos a nosotros. Esta forma de funcionar, crea conflictos y no deja que la energía fluya. Por eso se atascan las relaciones y el propio crecimiento personal de las personas implicadas, se ve paralizado.

Cuando esto sucede, solo nos queda **PARARNOS, QUEDARNOS QUIETOS, ACEPTAR** que todo lo que tenemos fuera proviene de dentro de nosotros y comenzar: **EL VIAJE HACIA NUESTRO CENTRO**.

Sabiendo que cuando nuestro interior se modifica, también muta todo lo que vemos, ya que nuestra realidad funciona como un espejo.

Todo cambio se inicia siempre, con un cambio en nuestro **MAPA DE IDEAS**. Solo si estás dispuesto a cambiar tus pensamientos, creencias y formas de pensar antiguas, se abrirá la oportunidad de una vida nueva renovada para ti.

> «La vida es un espejo y refleja al pensador lo que piense de ella».
> (Ernest Holmes)

Pero tranquilo, que no hay que cambiarlo todo de raíz, **NO**, solo cambiaremos las **CREENCIAS NEGATIVAS**. Esas que no te sirven y que son lastres que vas arrastrando a lo largo de tu existencia, haciéndote profundamente desgraciado. Esas que producen bloqueos energéticos y que paralizan tu vida a niveles increíbles.

**ESAS QUE ESTÁN AHÍ SOLO PARA HACERTE DAÑO**.

Las **CREENCIAS**, son ideas que aceptamos como válidas e indiscutibles. De modo que nuestras **CREENCIAS**, son las que configuran **NUESTRA REALIDAD**.

«El mundo lo percibimos a través de nuestros sentidos y lo interpretamos bajo la óptica de nuestras creencias».

Los **SISTEMAS DE CREENCIAS O MAPAS DE IDEAS** pueden ser de dos tipos:

- **«MAPAS DE IDEAS DE GRANDEZA»**
- **«MAPAS DE IDEAS LIMITANTES»**

«Si buscas resultados distintos, no hagas siempre lo mismo».
(Albert Einstein)

La sociedad se encarga de instalarnos **LAS IDEAS LIMITANTES.**

Y eso sucede porque vivimos en sociedades que están regidas por mecanismos de dominación. Donde lo que se pretende a toda costa, es que no seas capaz de desarrollar **TU POTENCIAL Y TU GRANDEZA.** La mejor manera de lograr eso, es hacer que tú mismo la niegues y vivas de espaldas a ella.

De modo que, si nos sentimos atascados en nuestra vida, con toda probabilidad tendremos funcionando una serie de **CREENCIAS LIMITANTES**, que están siendo potenciadas por nuestra mente. Si no hacemos nada al respecto, acaban ocupándolo todo, empequeñeciéndonos.

Por el contrario, si avanzamos en nuestra vida, logrando metas, cumplimos lo que deseamos, vivimos de manera satisfactoria, mantenemos relaciones positivas y nos sentimos dichosos, nuestros **SISTEMAS DE CREENCIAS SON «DE GRANDEZA»**. Y los frutos también.

Pero para llegar a ellos hay que desactivar **TODOS LOS MAPAS LIMITANTES**, que harán de barrera de contención a nuestros sueños.

Estos **MAPAS DE IDEAS** son los responsables de que, personas que vivieron las mismas situaciones, tomen caminos distintos en la vida y generen **CREENCIAS LIMITANTES O CREENCIAS DE GRANDEZA**, dependiendo de su forma de percibir el mundo.

Para ello voy a usar el ejemplo siguiente:

Dos hermanos gemelos que vivieron en un hogar disfuncional y que fueron sometidos a violencia por sus padres drogadictos. Los dos tienen la misma edad, han padecido las mismas situaciones y la misma violencia, por lo que tienen las mismas vivencias. Pero cada uno de ellos desarrolla unas creencias, que los llevan por caminos distintos en la vida.

Uno de ellos estudia una ingeniería y logra un trabajo excelentemente remunerado, se casa y tiene a su familia. Cumple en definitiva sus sueños en la vida. Asumió su poder y cogió el timón. Es feliz y así lo manifiesta.

El otro,vive en el conflicto y entra y sale constantemente de la cárcel. Su vida discurre entre mil líos y problemas de todo tipo. Es adicto a las drogas y las relaciones afectivas que tiene, son violentas. Es absolutamente desgraciado y piensa que es una víctima de la vida y de sus circunstancias.

Ambos, al ser preguntados por separado acerca del resultado de su vida y los motivos que los llevaron en una y otra dirección, aluden a su infancia y al hogar disfuncional en el que crecieron.

¿Qué otra cosa podía haber hecho, con una familia como la mía? Contestaron ambos.

.............

## RECUERDA:

Los mapas de ideas pueden ser **DE GRANDEZA** o limitantes.

Tú eliges cual es el tuyo.

Del mapa dependerán los frutos.

---

## LAS CREENCIAS SON LO IMPORTANTE

Cuando estamos dispuestos a cambiar nuestras **CREENCIAS**, entonces somos capaces de cambiar nuestro mundo. Justo en ese momento,se abre ante nosotros la posibilidad de ser **LA PERSONA QUE HEMOS VENIDO A SER.**

De hecho, este libro lo estas leyendo con **TUS CREENCIAS ACTUALES** y es posible que, durante la lectura y el desarrollo del trabajo que te propongo, no estés de acuerdo con algunas de las cosas que digo .

Está bien, quédate solo con aquello que estés de acuerdo y marca aquello con lo que no estás de acuerdo.

Te invito a que releas el libro pasados seis meses y vayas a las partes que señalaste en desacuerdo. Cuéntame si sigues pensando de otra manera respecto a eso en concreto. Este ejercicio en retrospectiva es muy potente.

Quizás pienses también que las técnicas que te propongo son absurdas, sencillas y que no entrañan nada transformador. Solo te pido que las hagas y que compruebes el enorme poder que tienen.

No me creas, compruébalo por ti mismo. A veces no hacen falta grandes fuegos artificiales para que nuestra vida se abra completamente a **UN CAMBIO A TODO NIVEL**. En la sencillez de lo pequeño residen todas las bendiciones.

**TODOS PODEMOS CAMBIAR. AUNQUE TE HAYAN DICHO LO CONTRARIO**

Existe la idea en la sociedad, de que las personas no cambian.

Que quien es de una determinada manera, lo será siempre.

Que la cabra tira al monte... y otros refranes que nos hablan de la imposibilidad de convertirse en una persona diferente a la que se fue.

Estas **CREENCIAS** encasillan, etiquetan y empaquetan la realidad vital de las personas, causando mucho sufrimiento y frustración.

Socialmente se suele ver a las personas como algo estático, que a lo largo de los años no sufre mutaciones. Algo que es igual para siempre, salvo con ligeras modificaciones superficiales, que vienen dadas por el hecho de ir cumpliendo años.

**LAS MASAS AMAN LO ESTÁTICO**, porque de ese modo se aseguran la identidad de grupo, que permite la guerra constante del: «nosotros contra ellos». Pues vivimos en un mundo polarizado donde solo se moviliza a la gente si es contra alguien o contra algo.

Esa **CREENCIA LIMITANTE** se ve claramente con el castigo social que se ejerce sobre aquellas personas que cambian su forma de pensar respecto a temas, como la política, la religión o asuntos de índole moral. A las personas que cambian de forma de pensar, respecto a determinados temas se les llama «incoherentes». A veces el castigo social va más allá y les llaman traidores.

A la sociedad le gusta crear bandos y las **CREENCIAS** son la herramienta para ello.

Arriba- abajo

Negro- blanco

Derecha- izquierda

**TODO ELLO SIN POSIBILIDAD DE PUNTOS INTERMEDIOS O DE POSTURAS CRÍTICAS.**

A la sociedad no le gusta que la gente cambie, porque las masas se sienten inseguras frente a los cambios. Eso se debe a que no hay una cultura de la reflexión.

Pero te diré algo:

- Por mucho que hayas escuchado al respecto, **LAS PERSONAS SÍ CAMBIAN.**
- Sí **PUEDES** ser la **PERSONA** que **DESEES SER**.
- **SÍ** puedes ser **DIFERENTE Y MEJOR.**
- Y para ello solo tienes que **MODIFICAR TU MANERA DE PENSAR Y TUS MAPAS DE IDEAS.**
- El **LIBRE ALBEDRÍO** nos abre las puertas de cuantas mutaciones vitales deseemos emprender.

Yo soy un buen ejemplo de lo que sucede cuando te decides a cambiar, y lo haces de manera trasformadora. Pasé de ser una persona herida y asustada que buscaba hacer lo correcto, satisfacer a los demás y encajar, a ser una persona diferente, fuerte, segura de sí misma y dueña de una vida maravillosa. Una vida llena de éxitos.

## TODO CAMBIO DUELE

Mientras leas este libro, puede que tengas que atravesar un periodo complicado en el que, al principio, se muestren duramente algunas resistencias.

Puede que te sientas constantemente entre dos aguas, debatiéndote entre dos **SISTEMAS DE CREENCIAS OPUESTOS**. Pero en esos momentos de confusión, debes ser amable contigo mismo y animarte a seguir adelante. Si hay reacciones como estas, es positivo.

Un **PARADIGMA MENTAL** no se cambia de un día a otro, lleva siempre su tiempo ya que hay que cambiar **CREENCIA** por **CREENCIA**, hasta que el mapa va transformándose.

Puede que mientras leas este libro, tengas ganas de discutir sobre algunas cuestiones o entrar en polémicas. Te recomiendo que, si eso te pasa, lo dejes sobre la mesa y **NO SIGAS LEYENDO**. Definitivamente no estás preparado y te faltan pasos que dar o escalones que subir aún para poder crecer espiritualmente. El estudio de la ***SAGA DEL LATIDO*** debe darte paz. Si tú tienes ganas de discutir, debatir o entrar en conflicto para ganar la batalla de las ideas, déjalo estar.

**LA SAGA DEL LATIDO ESTÁ DISEÑADA PARA APORTARTE PAZ Y TÚ SIGUES QUERIENDO LA GUERRA.**

## CAMBIAR EL MAPA

Para cambiar tu **MAPA DE IDEAS**, debes comenzar a observar lo que piensas y lo que expresas mediante la palabra.

De ese modo verás cuáles son **TUS CREENCIAS**, respecto a determinadas circunstancias.

Y cuando las tengas detectadas, debes comenzar a moldear **LAS NUEVAS CREENCIAS**, que son aquellas que te llevarán a dónde quieres ir en realidad.

Te pongo un ejemplo:

→ Te escuchas hablar y caes en la cuenta de que, por encima de todo, crees que la vida es una lucha. Que todo hay que trabajarlo mucho, porque nadie da nada por nada y que hemos venido a sufrir.

→ Esa creencia enlaza a su vez con otra que dice:

«Las personas son envidiosas y están esperando a que fracases. Nadie se alegra de nada de lo que logres. La gente, en definitiva, es falsa e interesada y quieren fastidiarme».

→ Esas dos creencias, forman un mapa, al que sin lugar a dudas se van adhiriendo creencias que se suman. Todas ellas negativas. Y eso crea un panorama terrible para ti.

Hemos de desmontar creencia por creencia. Por ese motivo, modificar el mapa, es también una cuestión de tiempo y de trabajo diario.

• ★ •

Para deshacer estas creencias que tienes instaladas:

- «La vida es lucha».

- «La gente está contra mí y disfruta con mi fracaso».

- (...)

Debes hacer afirmaciones que impliquen disfrutar del viaje de la vida y encontrar a personas que nutran tu existencia con la suya propia.

Nunca niegues las creencias negativas, porque las potenciarás.

No hagas esto:

- «La vida no es lucha».

- «La gente no desea mi fracaso»

Afirma en esta dirección:

- «La vida me trae regalos maravillosos».

- «La vida es una aventura preciosa repleta de cosas buenas».

- «Todo fluye y llega a mí, para nutrirme y hacerme evolucionar».

- «Dejar fluir la vida, trae a mi lado a personas maravillosas».

- (...)

La clave está en ir **DESMONTANDO** esas **CREENCIAS** que nos hacen vivir en la desconfianza, en el dolor, en el miedo, en la rabia o en la ira.

Al principio sabes que se resistirán a irse, porque no es una sola, sino que es **UN MAPA** de conexiones hiladas entre sí. Por eso a veces pensarás que vuelves atrás, **PERO NO ES ASÍ, IR HACIA DELANTE Y HACIA ATRÁS AL PRINCIPIO, FORMA PARTE DEL PROCESO.**

¡Calma!

**ROMA NO SE HIZO EN UN DÍA.**

Sigue insistiendo y llegará un momento que la creencia nueva forme parte de un mapa actualizado de quién eres en realidad.

## MI EXPERIENCIA

Cuando entré en la policía y lo hice en la motorizada pesada, todos creían que no podría conducir la motocicleta, por mi altura. Es cierto que mido un metro sesenta justo, y que la moto, lista para el servicio, pesaba cerca de trescientos kilos. Pero yo sabía que era capaz. Que podía hacerlo como cualquier otro.

Era cierto que no llegaba bien al suelo. Muchos hombres tampoco llegaban de manera plena y lo hacían. ¿Por qué no iba a poder hacerlo yo?

—Hay que tener mucha fuerza para poder sostenerla —decían.
—Hay que ser fuerte y alto para poder conducirla —decían.

Pero lo cierto es que estuve dos años prestando servicio en la motorizada pesada en el turno más peligroso, el nocturno, y no me caí ni una sola vez.

—Los motoristas caen como moscas —decían mis superiores para disuadirme de entrar en la unidad.

Y es cierto que vi caerse a varios compañeros, uno de ellos con resultado de unas lesiones medulares gravísimas, que le llevaron a una cama para toda la vida.

Pero yo conduje de noche dos años con frío, lluvia, viento y nieve. Participé en persecuciones, hice de lanzadera, activé códigos de urgencia en los que abríamos paso a la ambulancia que se dirigía a quirófano con un herido in extremis y estuve a salvo todos y cada uno de los días de servicio.

Yo, con mis sesenta kilos, mi fuerza de mujer y mi metro sesenta justo.

«Si tú sabes lo que vales,
ve y consigue lo que mereces».
(Rocky Balboa)

Si hubiese escuchado a los que me decían que no podía, no habría sido la primera mujer motorista, ni tampoco habría recibido felicitaciones de Jefatura por mi trabajo. Ni habría hecho nada más que encajar, en el espacio del puzle que la sociedad tenía reservado para mí.

**SI CREES QUE PUEDES HACER ALGO. YA HAS DADO EL PRIMER PASO PARA LOGRARLO.**

Nuestros pensamientos pueden cambiar, porque somos seres que evolucionamos y que estamos vivos y vamos mutando.

¿Piensas lo mismo que hace cinco años respecto a la vida? Probablemente no, por eso está claro que los pensamientos cambian.

**SI QUIERES CAMBIOS EN TU VIDA, CAMBIA TU MANERA DE PENSAR, EN LUGAR DE QUERER CAMBIAR TODO LO QUE TE RODEA PARA QUE ENCAJE PARA TI.**

## LAS CREENCIAS SE FORMAN EN LA INFANCIA

Estos mecanismos de ideas, se instauran en los primeros años de nuestra infancia. Si has vivido con personas asustadas, enfadadas, iracundas o violentas, probablemente hayas aprendido muchas cosas negativas sobre ti misma y sobre el mundo. Ya que se habrán encargado de hacerte sentir culpable, de manipularte mediante el miedo y de despojarte de tu humanidad.

De adultos solemos recrear lo que hemos vivido en nuestra infancia. De manera que, si hemos crecido en hogares disfuncionales, debido a nuestras creencias de lo que es el amor y las relaciones, probablemente construyamos historias de vida con las personas equivocadas y recreemos esa forma de relación.

**ASÍ ES COMO SE PERPETUA LA TOXICIDAD Y EL SUFRIMIENTO. POR MEDIO DE NUESTROS PENSAMIENTOS SOBRE LO QUE NOS RODEA.**

En realidad, si has crecido en un hogar problemático, no te estoy invitando a que culpes a tus padres de todo lo que te pasa. **NO. NO SE TRATA DE ESO.** Ellos con toda seguridad son víctimas también de otras personas y no podían darte algo que desconocían.

Lo que te propongo es que los **PERDONES.** Pero soy consciente de que ese trabajo no es fácil para muchas personas y a lo largo del libro lo trabajaremos.

Para empezar a entender y entenderte, puedes preguntarles a tus padres sobre su vida y su infancia.

Yo a veces uso, para estas cuestiones que tienen que ver con lo que una persona dice y con lo que una persona expresa mediante su corporalidad, una técnica que he denominado: La técnica del cine mudo.

# LA TÉCNICA DEL CINE MUDO

Mary Pickford en «Tess of the Storm Country» 1922. United Artists.

La usé muchas veces, cuando me dedicaba a la política y quería saber las intenciones reales de alguien.

La técnica consiste en ver a las personas sin escucharlas. De ese modo puedo saber muchas más cosas, que cuando escucho lo que dicen. Me centro solo en su cuerpo y sus gestos.

Me centro en: su cara, su rostro, sus ojos y su mirada. La posición de su espalda y de sus brazos. Si caen a lo largo del cuerpo o se cruzan frente al pecho en señal de barrera infranqueable...

A dónde miran, si mantienen la mirada o no la mantienen... Hay infinidad de información en lo no verbal.

Es tan potente **LA TÉCNICA DEL CINE MUDO**, que usándola he llegado a ver en los ojos de la otra persona, a su niño interior herido y asustado. Ese niño que vive dentro de nosotros y que está dañado y busca expresar su dolor.

Lo he visto en ancianos, en jóvenes y lo he visto en personas de mi propia familia.

El sentimiento de profundo dolor que implica la creencia de que no vales lo suficiente, o que no sirves y por lo tanto no mereces. Esa culpa y odio hacia uno mismo, es el responsable de la mayoría de los problemas que tiene el mundo.

Por eso durante el libro vamos a trabajar ejercicios con un espejo. Mas adelante verás de qué se trata. Es muy potente... realmente transformador.

Echa un vistazo a tu vida. Mira cuales son las cosas que llevas tiempo queriendo cambiar fuera de ti mismo.

**NO IMPORTA QUE LLEVEMOS TODA LA VIDA PENSANDO DE UNA DETERMINADA MANERA. ESO SE PUEDE CAMBIAR EN SEGUNDOS. PERO HAS DE ESTAR DISPUESTO.**

Durante mis doce años de servicio en la policía, recogí miles de denuncias de malos tratos.

Violencias de género, agresiones en el seno de la familia, padres que pegaban a sus hijos, hijos que pegaban a sus padres, yernos y nueras que pegaban a sus suegros...

Pero, sobre todo, mujeres que eran agredidas por sus parejas varones.

Llegaban diariamente una media de tres situaciones de esta índole, solo a mi comisaría. Y había cuatro más en la ciudad. Lo sé porque hice una estadística de datos al respecto de eso.

Estas mujeres, en la mayoría de ocasiones, llegaban al cuartel de policía llorando y con heridas visibles. Sin hablar de las heridas que llevaban en el alma.

En la declaración judicial, muchas veces acababan contándome que sus madres habían sufrido violencia también. Y muchas veces me contaban que ellas, habían tenido con anterioridad a su actual agresor, otros agresores.

Es decir que su historial con la violencia era largo.

Ahora viene lo duro:

**SI OPTAMOS POR CREER QUE SOMOS VÍCTIMAS, SIEMPRE HABRÁ UN AGRESOR ESPERANDO PARA NOSOTRAS.**

**SOMOS RESPONSABLES DE LO QUE NOS SUCEDE EN LA VIDA.**

Entiende esto que voy a explicarte. La violencia se expresa de dos maneras:

Como agresor o como víctima.

Y toda víctima está cometiendo un acto de violencia contra sí misma, al poder salir de la situación y optar por permanecer en ella, deliberadamente. O permitiendo que su agresor la victimice continuamente. Y tanto agresor como víctima, están unidos por un vínculo que va más allá de lo visible.

**DE AHÍ LA IMPORTANCIA DE ROMPER EL PATRÓN O LA PAUTA.**

Esto que te estoy contando, me recuerda al cuento del elefante de Jorge Bucay en su libro *Déjame que te cuente.*

Donde un elefante se mantiene atado a una estaca, negándose a arrancarla para marcharse.

Resulta que la bestia fue atada a la estaca cuando era muy pequeña.

Tiró y tiró durante días, siendo incapaz de lograr escapar de las cadenas que le permitían caminar apenas dos metros.

Fue creciendo y creciendo hasta pesar toneladas y siguió atado a una estaca de la que podría librarse tirando sin hacer apenas esfuerzo.

Porque su creencia de que era imposible escapar de la estaca, se había convertido en una convicción incuestionable y había dejado de intentarlo hacía tiempo.

Conny Méndez, en su libro *El librito azul. Manual de metafísica en términos sencillos,* decía:

> «Cada vez que escuchamos o leemos algo recientemente, desconocido para nosotros, se desperezan células que estaban dormidas en nuestro cerebro. La segunda vez que tropezamos con aquella idea nueva la comprendemos un poquito mejor. Las células movidas comienzan a trabajarla, y al poco tiempo

> se hace la luz en nuestra mente; es decir, que la aceptamos, la adoptamos y la ponemos en práctica automáticamente, y es así cómo vamos despertando, aprendiendo, evolucionando y adelantando. No es necesario hacer esfuerzos sobrehumanos para que nos penetren las cosas en la cabeza. Es un proceso natural; eso sí, hay que poner de nuestra parte para la buena voluntad de leer, volver a releer y hacerlo tantas veces como sea necesario, hasta que sintamos que lo aprendido es automático. Eso es todo».

Esta es una descripción clara y sencilla, que la autora hizo allá por el año 1927 y que claramente era una descripción de nuestra capacidad de absorber ideas nuevas y cambiar nuestros mapas mentales, así como de aumentar nuestra plasticidad cerebral.

Después de cada capítulo ve al libro de ejercicios y sigue trabajando.
Te amo.

PASO DOS.

# RECORRE EL CAMINO DE TU DOLOR

«Las personas tienen la tendencia a ver las cosas que quieren y a decir: "sí, me gusta eso. Lo quiero". Sin embargo, miran las cosas que no quieren y les conceden la misma energía, cuando no más, con la idea de que así acabarán con ellas, las eliminarán, las erradicarán. En nuestra sociedad nos hemos contentado con luchar contra las cosas.

Luchar contra el cáncer, la pobreza, la guerra, las drogas, el terrorismo, la violencia... tendemos a luchar contra todo lo que no queremos, lo que en realidad crea más lucha».

(Lisa Nichols)

Antes de empezar, **RECUERDA** esto:

**EL CAMINO DEL DOLOR SE RECORRE UNA VEZ.**

Si ese camino se convierte en algo recurrente, en el que sufres siempre con la misma intensidad, significa que no has sanado, y que de algún modo andas regocijándote en el dolor.

Con todo el amor del mundo, os diré, que cuando alguien me dice que lleva siete, seis, cinco o incluso diez años en terapia semanal pienso: **ESE TERAPEUTA NO QUIERE QUE TE SANES.**

Imagen: Freepik.com

## CÓMO SE GENERA EL SUFRIMIENTO

Los seres humanos somos capaces de crear todo lo que nos rodea. Tenemos la capacidad de materializar todas las experiencias que vivimos, mediante la fuerza de nuestros pensamientos.

Por eso es importante tener claro que siempre podemos elegir los recuerdos positivos o traer los negativos. Todos están ahí, solo se trata de cuales deseas recrear.

Cuando nos aferramos a recuerdos positivos, como, por ejemplo: una canción, un aroma o cualquier cosa que nos conecte con una vivencia feliz de nuestro pasado, vibramos en positivo. De ese modo sonreímos y recordamos todo lo bueno, de una época que fue maravillosa.

Pero también podemos apretar el botón que activa todo aquello que nos duele. Hacerlo, significa volverlo a vivir como si estuviera sucediendo de nuevo. De esta manera somos capaces de revivir el dolor, aunque hayan pasado muchos años de la experiencia que nos generó el sufrimiento.

Las personas que no han dejado atrás los traumas, relatan la situación como si la estuviesen sufriendo de nuevo. Sometiéndose a un dolor innecesario, que de nada vale. Más que para generar sufrimiento gratuitamente.

El mecanismo que provoca esto, es el siguiente:

A través de los sentidos recordamos algo.

↓

Ese algo trae consigo un pensamiento.

↓

Ese pensamiento a su vez activa una creencia.

↓

Esa creencia desata la emoción.

↓

Esta emoción puede ser sufrimiento o dicha.

Por ejemplo:

Una mujer que ha sufrido violencia, está viendo el televisor y escucha hablar a otra mujer que ha pasado por lo mismo que ella. (Vista, oído).

↓

Piensa inmediatamente en su agresor.

↓

Activa la creencia de que ella está mal y él debe estar por ahí disfrutando de la vida, como si nada. Porque ha incorporado en su mapa de ideas que para ella todo es injusto.

↓

Esa creencia activa la emoción de la rabia ante la injusticia.

↓

El resultado es el dolor. Volver a sufrir de nuevo. Abrir la herida una vez más...

Muchos diréis que es inevitable sentir eso. Pero **NO ES INEVITABLE** si lo analizamos bien.

¿Qué sentido tiene estar llena de resentimiento y sufrir cada vez por algo que forma parte del pasado?

Evidentemente: ninguno.

Este libro es una invitación a transitar el dolor Y **A SER QUIEN HEMOS VENIDO A SER.** A sentirnos libres de cargas que no nos pertenecen y soltar los lastres que nos atan a dolores viejos, que entorpecen nuestro camino.

A lo largo del estudio de ***LA SAGA DEL LATIDO***, mi propósito es que logres que tus mapas de ideas cambien.

Hasta que el caso anterior se convierta en esto:

Una mujer que ha sufrido violencia está viendo el televisor y escucha hablar a otra mujer que ha pasado por lo mismo que ella. (Vista, oído).

↓

Piensa inmediatamente en su agresor y en lo bien que está ella sin esa persona en su vida. En lo fuerte que fue, dando el paso de dejar la relación. En todo lo que ha conseguido desde entonces y en la salud que ha ganado, amándose por encima de todo y de todos.

↓

Activa la creencia de que ella es capaz de superar cualquier cosa y que es una mujer fuerte y resiliente, que merece lo mejor en su vida.

↓

Esa creencia activa la emoción de la satisfacción por haber logrado cambiar su vida y estar bien.

↓

Y sonríe sabiendo que es la capitana de su barco y puede navegar cualquier tormenta.

Muchas personas que me escriben viven atormentadas pensando en la injusticia que sufrieron y me hablan constantemente de su agresor. De cómo él está tan tranquilo, de cómo no ha pagado por lo que hizo...

Para tu recuperación no importa el agresor. Él no es el foco de nuestro trabajo. No significa nada más que algo que nos causó dolor y nos impulsó a conocernos más, a superarnos y a encontrarnos con la persona que hemos venido a ser.

**PARA LOGRAR CAMBIAR EL MAPA DE IDEAS, HEMOS DE QUERER DESPRENDERNOS DEL DOLOR.**

## EL DOLOR NOS APORTA COSAS QUE NOS VIENEN BIEN, PARA LOGRAR OTRAS

Aunque parezca paradójico, el dolor y el victimismo nos aportan cosas que nos hacen sentir seguros en la vida.

Una persona que sufre, es alguien a quien los demás le tienen lástima. Y muchas veces, ese deseo de que nos tengan lástima y se compadezcan de nosotros, no nos deja dar el paso de soltar el dolor.

Muchas personas viven aferradas a sus vivencias negativas y a su dolor, porque se identifican con él. Esas personas sienten que ellas son su dolor. Y que el dolor es su identidad. Lo que sufrieron y lo que padecieron se ha convertido para ellas en su bandera. Y el concepto de **YO SOY**, como raíz universal queda detrás de capas y capas de victimismo.

Tanto es así, que hay quien prefiere estar enfermo a sanar, ya que la enfermedad le reporta cosas positivas, como el que el resto del mundo le haga caso y atienda sus necesidades inmediatamente. Solo saben sentirse cuidados, si son los demás quienes les cuidan.

Estas personas desarrollaron técnicas de manipulación para controlar a los demás mediante la enfermedad. Por eso no quieren ser saludables.

Observa tu dolor y analiza si te identificas con él. Hay personas que lo hacen, diciendo cosas como esta:

- «Yo soy superviviente de malos tratos». En lugar de decir: «Me llamo Ángela y he sido víctima de malos tratos».
- «Yo, soy drogadicto». En lugar de decir: «Me llamo Pepe y he sido drogadicto».
- (...)

Con la droga, es curioso cómo la gente se etiqueta para siempre.

Las creencias limitantes dicen:

Una persona que ha sido drogadicta, lo es toda la vida...

Una persona que ha sido alcohólica, lo es toda la vida...

Bajo mi punto de vista una persona drogadicta o alcohólica, en el momento que decide dejar de consumir la sustancia, deja de serlo. Lógicamente es una persona que no puede volver a consumir esa sustancia, porque su cerebro recuerda el mapa de ideas anterior con mucha rapidez. De manera que, estar en contacto con las drogas o el alcohol, le puede hacer volver a su antiguo paradigma rápidamente. Para evitar eso hay que crear nuevas conexiones cerebrales, pero **NUNCA DESDE EL VICTIMISMO.**

**NO SOMOS LO QUE DICEN QUE SOMOS.**

**SOMOS LO QUE QUEREMOS SER Y LO QUE CREEMOS QUE SOMOS.**

De manera que yo no soy una bulímica recuperada. Ni seré bulímica toda la vida. **NADA DE ESO.** Yo tuve un problema con la comida. Una adicción a la comida. Fruto de una vergüenza y una culpa, enquistadas en mi alma.

Me llamo Sonia Vivas y tengo una relación excelente con los alimentos que ingiero.

Pasé por la bulimia, pero eso ya no forma parte de mi ser.

Necesité pasar por la bulimia para ser la persona que soy ahora.

**NO DEJES QUE NADIE TE ETIQUETE.**

★ ★ ★

Ve al libro de ejercicios y sigue trabajando.
Te amo.

PASO TRES.

# CONOCE Y APLICA LAS REGLAS UNIVERSALES

«El Secreto significa que somos creadores de nuestro universo y que todos los deseos que queremos crear se manifestarán en nuestra vida.

Por consiguiente, nuestros deseos, pensamientos y sentimientos son muy importantes porque se manifiestan».

(Marie Diamound)

Las **REGLAS UNIVERSALES** para conocer cómo funciona el universo no los enseñan en ninguna parte.

Vivimos en un sistema de dominación que no quiere que aprendas de libertad.

En la escuela nos señalan con rojo y en letras gigantes, todas las respuestas que contestamos mal, en lugar de señalarnos las que contestamos bien.

Se nos educa en el desconocimiento de lo que somos y de quiénes somos en realidad. Y se nos mantiene desconectados de **LA FUENTE DE SABIDURÍA ANCESTRAL** que reside dentro de nosotros mismos.

La única forma permitida de ser espiritual es a través de las iglesias y las sectas. Estructuras creadas para dominarnos y hacernos creer que formamos parte de una familia o una comunidad.

Todo lo demás, es denostado, atacado, demonizado o ridiculizado para hacerlo ver como absurdo. De ese modo el puzle tiene y mantiene a todas sus piezas en su justo lugar.

Pero ahora vamos a aprender los principios del mundo cuántico. Las leyes que rigen el universo y que gobiernan todo cuanto nos rodea.

Esas de las que nos hablaban los antiguos y que, si somos capaces de aplicar en nuestra vida, los cambios serán milagrosos y radicales.

**ESAS REGLAS** de las que no quieren que te enteres y que desconocen quiénes pasan la vida ocupando su espacio de puzle asignado.

Las siete **REGLAS** son las siguientes:

1
LA REGLA DE MENTALISMO

2
LA REGLA DE CORRESPONDENCIA

3
LA REGLA DE VIBRACIÓN

4
LA REGLA DE POLARIDAD

5
LA REGLA DEL RITMO

6
LA REGLA DE CAUSA EFECTO

7
LA REGLA DE GENERACIÓN

Estas REGLAS, están contenidas en la Tabla Esmeralda, escrita por Hermes Trismegisto sobre el 2.000 a.C.

Descripción de la tabla esmeralda de Heinrich Khunrath en el siglo XVII

Hermes Trismegisto, es una figura prefaraónica que cimentó las bases de prácticas tan diversas como la kábala, la física, la matemática y la astrología.

Según Platón, este sabio: «descubrió los números, la geometría, la astronomía y las letras». Y es considerado el padre de algunos principios básicos de la aritmética, así como de escritos y tratados de medicina.

Habría escrito 42 libros, algunos de ellos fueron quemados en el incendio de la biblioteca de Alejandría.

La Tabla Esmeralda o Esmeraldina, contiene la llave de la sabiduría y del ocultismo.

## REGLA DE MENTALISMO

Partimos de la idea de que **LOS PENSAMIENTOS SON COSAS.** Y lo que **TÚ PIENSAS SE MANIFIESTA EN EL MUNDO MATERIAL.**

- Si piensas en enfermedades, comenzarás a enfermarte.
- Si piensas en pérdidas, perderás y perderás dinero.
- Si piensas en desamor, eso es lo que tendrás en tu vida.

**TU VIDA OBEDECE A LO QUE PIENSAS Y A LO QUE EXPRESAS CON LA PALABRA.**

Esto que te acabo de explicar es la **PRIMERA LEY QUE DEBES TENER EN CUENTA**, se llama: **PRINCIPIO DE MENTALISMO.**

- «La vida es una lucha».

- «Nada es perfecto».

- «Nadie hace nada por nada».

- «Hemos venido a sufrir».

- (...)

Todos estos pensamientos y creencias se crean mediante la educación, y los asumimos como válidos porque los escuchamos continuamente.

Casi nadie conoce las **REGLAS DE LA CREACIÓN**, por eso la mayoría caminan ciegos.

El **LIBRE ALBEDRÍO,** significa haber nacido con la posibilidad de escoger.

Por ese motivo podemos escoger aquello que se manifiesta en nuestra vida.

La metafísica ha enseñado desde sus inicios, que lo que pensamos, se establece dentro de nuestro subconsciente y desde allí se refleja en nuestra vida como si fuera un espejo.

## CREAMOS NUESTRA REALIDAD CON NUESTROS PENSAMIENTOS

Cuando el ser humano atraviesa un momento de tribulación y busca al Dios vengativo que nos enseñaron a adorar, se da cuenta de que este no le escucha.

Se pone de rodillas ante él e insiste pidiéndole que le ayude en su calamidad. Pero no obtiene respuesta.

Entonces es cuando según las religiones, hay que aceptar la voluntad de Dios.

Es decir, que Dios, según las religiones, pese a ser un padre bueno que ama a sus hijos, tiene la mala voluntad de permitir que pasen desgracias.

¿Esto te concuerda? ¿Te parece coherente?

Claro que no.

**LA RAZÓN DE LAS CALAMIDADES QUE ATRAVESAMOS RESIDEN EN LA FORMA QUE PENSAMOS ACERCA DE LA VIDA Y LAS SITUACIONES.**

**LO QUE PIENSAS SE MANIFIESTA.**

Un pasaje de *El librito azul,* de Conny Méndez, reza así:

> «San Pablo dijo que Dios está más cerca de nosotros que nuestros pies y nuestras manos, más aún que nuestra respiración; de manera que no hay que pedirle a gritos que nos oiga. Basta con pensar en Él para que ya comience a componerse lo que parece estar descompuesto. Él nos creó. Él nos conoce mejor de lo que nos podemos conocer nosotros. Él sabe por qué actuamos de esta o aquella manera, y no espera que nos comportemos como santos cuando apenas estamos aprendiendo a caminar en esta vida espiritual».

★ ★ ★

Te pido que no creas nada de lo que te estoy diciendo.

No hagas como has hecho hasta ahora, no creas a pies juntillas cualquier cosa que leas o que te digan.

Date la oportunidad de juzgar y pon en práctica **LAS REGLAS**. Ya verás.

## REGLA DE CORRESPONDENCIA

«Verdadero, sin falsedad, cierto y muy verdadero:
lo que está abajo es como lo que está arriba,
y lo que está arriba es como lo que está abajo,
para realizar el milagro de la Cosa Única.
Y así como todas las cosas provinieron del Uno, por mediación del Uno, así todas las cosas nacieron de esta Única Cosa, por adaptación.
Su padre es el Sol, su madre la Luna,
el Viento lo llevó en su vientre,

la Tierra fue su nodriza.
El Padre de toda la Perfección de todo el Mundo está aquí.
Su fuerza permanecerá íntegra, aunque fuera vertida en la tierra.
Separarás la Tierra del Fuego,
lo sutil de lo grosero,
suavemente,
con mucho ingenio.
Asciende de la Tierra al Cielo,
y de nuevo desciende a la Tierra,
y recibe la fuerza de las cosas superiores y de las inferiores.
Así lograrás la gloria del Mundo entero.
Entonces toda oscuridad huirá de ti.
Aquí está la fuerza fuerte de toda fortaleza,
porque vencerá a todo lo sutil
y en todo lo sólido penetrará.
Así fue creado el Mundo.
Habrá aquí admirables adaptaciones,
cuyo modo es el que se ha dicho.
Por esto fui llamado Hermes Tres veces Grandísimo,
poseedor de las tres partes de la filosofía de todo el Mundo.
Se completa así lo que tenía que decir de la obra del Sol».

La tabla esmeralda

Esta Regla dice:

«Como es arriba es abajo; como es abajo es arriba».

Ya la Biblia, tiempo después, se inicia con este mismo precepto, pero introduciendo los conceptos «cielo» y «tierra», pues la primera frase del libro sagrado es: «en principio creó Dios los cielos y la Tierra. La Tierra empero, estaba sin forma y vacía...»

Como es dentro es afuera.

Como pensamos, es nuestra realidad.

Así como creemos que es el mundo, es el mundo para nosotros.

## REGLA DE VIBRACIÓN

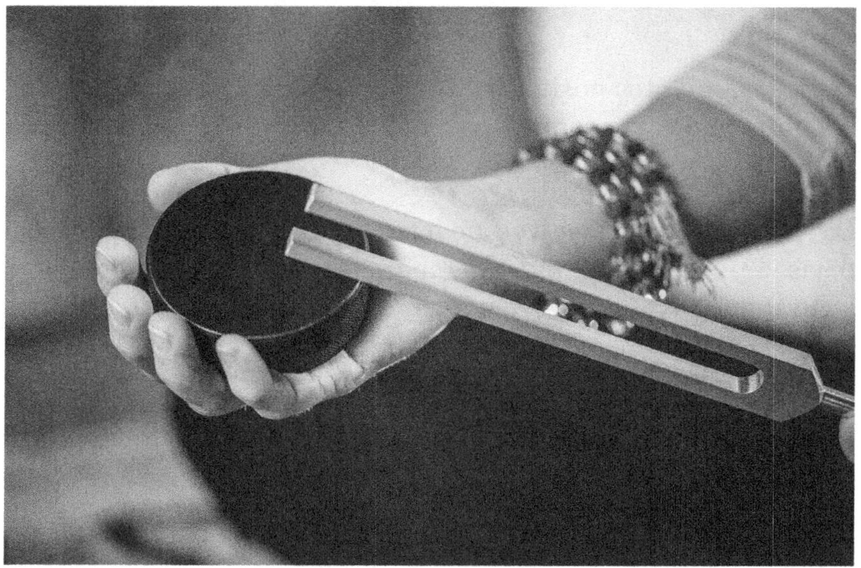

iStock.com/ microgen

Vibraciones iguales vibran juntas.

Todo está en movimiento, todo vibra.

Esta Regla metafísica hermenéutica, como todas las demás, ha sido probada, por la ciencia a través del descubrimiento de la física cuántica.

El mismo Albert Einstein, en referencia a la Regla de vibración dijo:

> «Todo es energía y eso es todo lo que hay. Iguala tu frecuencia a la de la realidad que quieres y no podrás evitar tener esa realidad. No puede ser de otra manera. Esto no es filosofía, esto es física».

«Todo es vibración».

Los pensamientos positivos vibran a frecuencias muy altas. Por el contrario los pensamientos negativos, son pesados y vibran a frecuencias muy bajas.

Los pensamientos positivos, no pueden ser arrastrados a energías bajas, a no ser que el individuo permita que su pensamiento se vuelva negativo, al estar en contacto con la negatividad.

Todos los estados de ánimo vibran y emiten esa vibración al universo.

Una persona que está enfadada constantemente, envía esa vibración negativa y atrae personas que están en su misma vibración y que, por tanto, están enfadadas también o hacen enfadar al resto.

Lo similar atrae a su par.

Por ese motivo atraemos a nuestra vida aquello en lo que vibramos.

Las personas criticonas, atraen la crítica y a otras personas como ellas.

Las personas envidiosas, atraen envidias y otras personas como ellas.

Las personas enfadadas, atraen personas o situaciones que les hacen enfadar...

★ ★ ★

**HAZ ESTE EJERCICIO DURANTE UNOS MINUTOS PORQUE LOS RESULTADOS SON REVELADORES.**

**DETENTE UN MOMENTO Y MIRA TU VIDA... ¿PUEDES VER LO QUE**

**ATRAES A ELLA POR MEDIO DE ESTE PRINCIPIO?**

Einstein decía que cuanto más estudiaba la electricidad, más cerca se sentía del espíritu...

¿Por qué será?

## REGLA DE POLARIDAD

Todo en el universo es dual o binario. Y los extremos se tocan.

Esta **REGLA** nos explica que todas las cosas manifestadas, tienen dos aspectos o polos.

Si llevamos esta **REGLA** al ejemplo del calor y el frío, podremos ver que, siendo antagónicos, en ocasiones someternos a agua muy fría o a agua muy caliente, despierta la misma sensación en nosotros. Y se manifiesta en dolor.

El frío extremo y el calor extremo, producen la muerte de tejidos y el dolor es tan parecido que a veces, hasta pasado un rato, no puede adivinarse si la fuente de energía que nos dañó era muy alta o muy baja en temperatura.

Todo es cuestión de intensidad, en la escala de vibración.

De tal manera que el amor y el miedo, (así es como me gusta denominar al odio, pues el odio es miedo), pueden transmutar el uno en el otro, dependiendo de la escala de intensidad en la que se manifieste la emoción.

Lo mismo sucede con el espíritu y la materia.

Lo no deseable se transforma, cambiando su polaridad.

Todo es doble, todo tiene dos polos; todo tiene su par de opuestos.

Los semejantes y los antagónicos son lo mismo; los opuestos son idénticos en la naturaleza.

Esta Regla tiene dentro de sí, la verdad de que todo es dual. Que todo tiene dos polos. Los opuestos son iguales en realidad, solo depende la gradación de su vibración.

Si miramos un termómetro, no sabremos donde empieza el frío y donde empieza el calor, porque frío y calor son dos polaridades que se diferencian tan solo en la graduación.

Lo mismo entre duro y blando, blanco y negro, fuerte y débil...

El conocimiento de esta Regla te permite cambiar tu propia polaridad y también la polaridad de los demás. De manera que todo aquello que pensamos que es negativo y que impacta en nuestra vida creándonos desasosiego y tristeza, alberga dentro de sí, una bendición también si somos capaces de verla.

## REGLA DEL RITMO

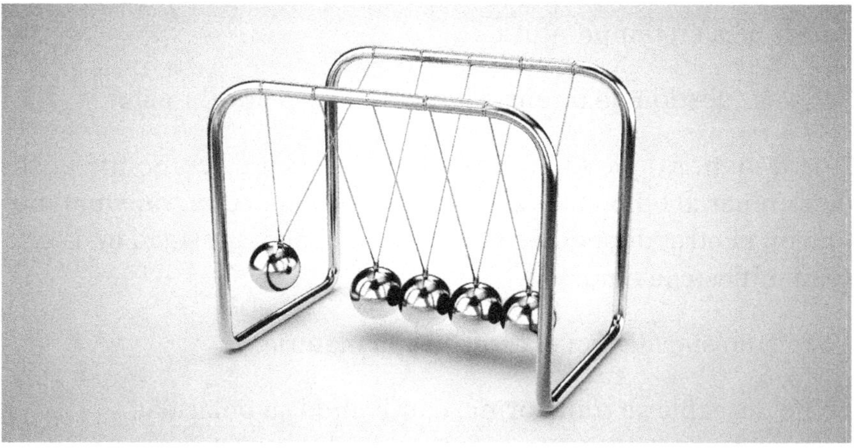

iStock.com/ ODV

La Regla del Ritmo dice:

«Todo fluye y refluye; todo tiene sus períodos de avance y retroceso; todo asciende y desciende; todo se mueve como un péndulo; la medida de su movimiento hacia la derecha es la misma que la de su movimiento hacia la izquierda; el ritmo es la compensación».

De este modo se mueve también el universo, con avance y retroceso. Los científicos han comprobado este movimiento hacia delante y atrás, usando a través de estudios sobre la evolución planetaria y el desarrollo de la vida de las estrellas, los soles, y otros cuerpos celestes.

De ahí, que esta Regla, promulgue que la vida, tiene movimiento pendular. Y son los procesos de nacimiento, crecimiento, desarrollo y muerte, los que se repiten incesantemente en todo lo que conocemos.

Este mismo movimiento que se da en los planos físicos, funciona también en los planos mentales. De manera que podemos usar esta regla para salir de la desesperanza y de la depresión.

Raramente llegamos a los extremos totales. Nuestro péndulo oscila en diversos grados y, así, alcanzamos ciertos niveles de felicidad o de tristeza.

El Kybalión define a este ritmo como: «compensación».

Tenemos que tener claro que a lo largo de la vida siempre vienen inviernos. Por eso hemos de ser conscientes de que los momentos de felicidad o éxito, no son permanentes. Tarde o temprano, el péndulo nos llevará a retroceder, para luego volver a avanzar.

Usar esta Regla, implica ser consciente de este movimiento en todo lo que conocemos y usarlo para coger ventaja cuando las cosas van como deseamos que vayan.

•————•

Por ejemplo:

Si estoy viviendo un momento de crecimiento económico, tendré que aprovechar para gestionar e invertir hablimente.

............

Hay veces en que la persona se queda estancada en uno de los extremos, normalmente se polariza en la negatividad, en la pobreza, en la soledad, en la enfermedad, en la ira, en la rabia, en el miedo, en el odio y en la desesperanza.

Si se está viviendo un momento feliz, no significa que luego vayan a venir momentos de mucho sufrimiento, **NO**. Es todo lo contrario. Si has sufrido un gran dolor, luego vienen momentos de mucha felicidad y no se vuelve a sufrir jamás de ese modo, pues el movimiento pendular tiende al equilibrio y a medida que nos desarrollamos espiritualmente, deja de polarizarse en exceso.

Es entonces cuando se alcanza el estado de dicha constante y paz. Cuando uno logra llegar a ese punto, en el cual se puede sentir bien con pareja o sin ella, con dinero o sin dinero o con el apoyo de la familia o sin él. Cuando esto sucede es cuando te has situado sobre el péndulo.

Mientras uno oscila emocional o mentalmente, es porque todavía está siendo arrastrado.Forzar el péndulo solo hace que te mantengas en vibraciones bajas. Por eso hay que desear un cambio en la vida, pero sin forzar el péndulo, ni ordenarle al universo cómo debe manifestar lo que deseas.

Debes desearlo, sentirlo y recrearlo en tu corazón, dejando que el universo lo materialice como desee.

El balance puede lograrse en ciertas áreas primero y luego en las demás.

Por ejemplo, una persona puede tener solucionada su vida económica, pero no su vida afectiva, o viceversa.

La regla del Ritmo también afecta a las relaciones humanas. De acuerdo con el movimiento de nuestro péndulo personal, atraemos personas más positivas o negativas en determinados momentos. Por lo que se complementa con la regla de vibración.

## REGLA DE CAUSA Y EFECTO

**LA REGLA DE CAUSA Y EFECTO** a lo largo de la historia, ha sido comprendida y aplicada por todos los grandes maestros e infinidad de corrientes de pensamiento.

Hasta Newton la fundamentó dentro de la física clásica diciendo:

«Toda acción, recibe una reacción opuesta y de igual magnitud».

Algunas religiones entienden esta ley como el concepto del Karma.

La ley del karma afirma que las acciones de las personas acaban repercutiendo, tarde o temprano, en su propia vida. Si nuestras acciones son buenas, recibiremos consecuencias positivas; pero, si son malas, acabaremos recibiendo también nuestro merecido.

- Todo vuelve.

- La vida no se queda con nada de nadie.

Y frases por el estilo, son usadas en el refranero popular para hacer alusión a que todo lo que haces vuelve a ti multiplicado.

La ley del karma no es más que una interpretación más espiritual y filosófica de **LA REGLA DE CAUSA Y EFECTO**. Además, esta ley va más allá de la vida física. El budismo, por ejemplo, afirma que las lecciones no aprendidas en esta vida deben ser reexperimentadas y superadas en la próxima.

**LA REGLA DE CAUSA Y EFECTO** en el plano emocional, sentimental e interpersonal, funciona del mismo modo. Lo que das, viene de vuelta.

Neville Goddard, hablaba de esta ley como: La ley de la cosecha.

Él decía:

> «Es impersonal y puede usarse para aportar a tu experiencia cualquier cosa que quieras concebir. Y como todo ya está creado y finalizado, todos los estados posibles ya existen. Tu fusión con un estado en particular (imaginando con sentimiento lo que experimentarías si estuvieras en ese estado), hace que ese estado se proyecte en tu pantalla de espacio.
>
> Esta ley no puede cambiarse ni romperse y siempre reproduce en tu mundo exterior el duplicado exacto de cualquier creencia que consideras como verdadera. porque para cambiar tu mundo también debes cambiar tus creencias.
>
> una persona que no ama o sospecha y siente que los demás se aprovechan de ella, atrae hacia sí lo que cree. no importa lo que haga externamente, sus relaciones con los demás reflejarán lo que acepta dentro de sí, como verdadero. puede querer una relación amorosa, pero solo puede atraer a sí misma aquello que es consciente de ser».

## REGLA DE GENERACIÓN

Ninguna creación física, mental o espiritual es posible sin la presencia de esta regla. Si se comprende bien, alivia en gran medida muchos de los problemas y misterios de la vida, que tanto han confundido la mente de los seres humanos. Lo que sucede es que cuando se explica este principio, se utilizan los términos: masculino y femenino. Hacerlo así induce a error y a confusiones, pues la idea de género y de encasillar a personas, interrumpe la asimilación de este concepto que nada tiene que ver con ese modo estanco de ver a las personas.

Por ese motivo yo voy a explicarlo usando para ello el concepto chino del YIN y el YANG.

En la antigua china se observó que existía una polaridad cíclica en todo lo conocido.

- El día y la noche.
- La luz y la oscuridad.
- Lo grande y lo pequeño.
- Y así, de manera interminable...

Pero observó también, que todo contenía ambos principios y que YIN y YANG, no eran conceptos inmutables, sino que podían transformarse.

Lo pequeño puede crecer, etc...

Lo YIN es lo pequeño y lo YANG es lo grande.

De este modo entendemos que un caballo es YANG, respecto a un gato que es YIN. Pero un gato es YANG respeto a un ratón. Y los ojos del caballo son YIN respecto a las patas del caballo que son YANG.

De ese modo la Regla de generación nos habla de que todo contiene todo y todo es YIN y YANG al mismo tiempo.

Siempre obra en el sentido de generar, regenerar y crear. Cada Ser aloja en sí mismo los dos elementos que forman parte de este axioma.

Conocer las siete Reglas es estar dispuesto a conocer y aceptar el funcionamiento del universo. Se abre así la posibilidad de saber de qué manera podemos estar en disposición de fluir con él y dejar de entorpecer la vida.

Las Reglas y su aplicación nos garantizan una vida de éxito, cualesquiera que sean nuestras metas y la tranquilidad de que el Universo infinito nos sostiene.

RESUMEN DE LAS REGLAS UNIVERSALES:

1. Mentalismo. El Todo es mente; el universo es mental.

2. Correspondencia. Como es arriba, es abajo; como es abajo, es arriba. Manifestación en tres grandes planos: físico, mental y espiritual.

3. Vibración. Nada está inmóvil; todo se mueve; todo vibra.

4. Polaridad. Todo es doble, todo tiene dos polos; todo, su par de opuestos: los semejantes y los antagónicos son lo mismo.

5. Ritmo. Todo fluye y refluye; todo tiene sus períodos de avance y retroceso, todo asciende y desciende; todo se mueve como un péndulo.

6. Causa y efecto. Toda causa tiene su efecto; todo efecto tiene su causa; todo sucede de acuerdo a la ley.

7. Generación. Se manifiesta en todos los planos. Lo aplicamos a la teoría del yin yang con los mismos resultados. Yin: pequeño / yang: grande. Todo contiene todo.

PASO CUATRO.

# CONOCE Y APLICA LOS PRINCIPIOS BÁSICOS DEL TAO Y DE LA BIBLIA

## ÁBRETE A LA MANIFESTACIÓN

Abrirte a leer, estudiar e incorporar las escrituras antiguas a tu vida, te traerá enormes cambios.

Todo lo que encuentres en ellas, podrás aplicarlo a tu día a día, aunque la vida sea ahora muy distinta a como lo era hace dos mil años.

Los corazones de los hombres no han cambiado.

Los corazones de los hombres tienen las mismas necesidades. Los mismos anhelos y los mismos deseos ancestrales.

Late en el corazón universal, la necesidad de comprender nuestra vida, así como el mundo que nos rodea.

Pero alrededor de las antiguas escrituras, el hombre vio claramente que podía tener capacidad de influencia y poder sobre el resto de personas. Por ese motivo nacieron las estructuras religiosas que se agenciaron las palabras ancestrales, para **SOMETER AL HOMBRE AL MIEDO Y PODER ASÍ DOMINARLO.**

Ábrete a las enseñanzas de todas aquellas personas que, desde el amor infinito, dejaron su legado para ti.

Deja de asociar eso a ninguna iglesia y acércate solo a movimientos en los que nadie te juzgue. Acude a espacios en los que cada error sea un camino a tu maravilloso ser interior.

Camina seguro y bebe de mil fuentes, hasta dar con aquello que te hace vibrar y que te interpela adentro.

Rechaza a quienes te digan: esto sí o esto no.

No creas nada porque sí.

No des nada por sentado.

Ábrete a la vida.

Abre los brazos a recibir personas maravillosas en la puerta de tu casa.

Ábrete a quitarte las etiquetas y vivir sin permiso de nadie.

Desecha a quienes juzgan.

Desecha a quienes no respeten tu nueva manera de ser, sentir y pensar.

Abre tu corazón a tu verdadero yo. A tu esencia fundamental y sé uno con el universo y con todo el resto de la humanidad. Uno con Dios.

El **UNIVERSO** no tiene limitaciones y nuestra mente humana no puede concebir a lo que se enfrenta cuando hablamos en términos de infinidad.

Por lo tanto, **DIOS** o el **UNIVERSO**, no pueden ser definidos por la mente humana, porque no los puede comprender. Por eso los humanos estudiamos a Dios por partes o haciendo trocitos de él, de manera que podamos comprender su magnitud y maravilla.

Las **REGLAS** universales que estudiaremos más adelante son precisamente eso: formas de acercarnos y de comprender a **DIOS**. El Tao lo es también. Así como lo son las enseñanzas de Jesús de Nazaret y otros maestros antiguos como Mahoma.

Deja que sus enseñanzas entren en tu vida y verás las maravillosas manifestaciones de bendiciones que llegan hasta ti.

Te amo.

## LOS PRINCIPIOS DE LA BIBLIA Y EL TAO

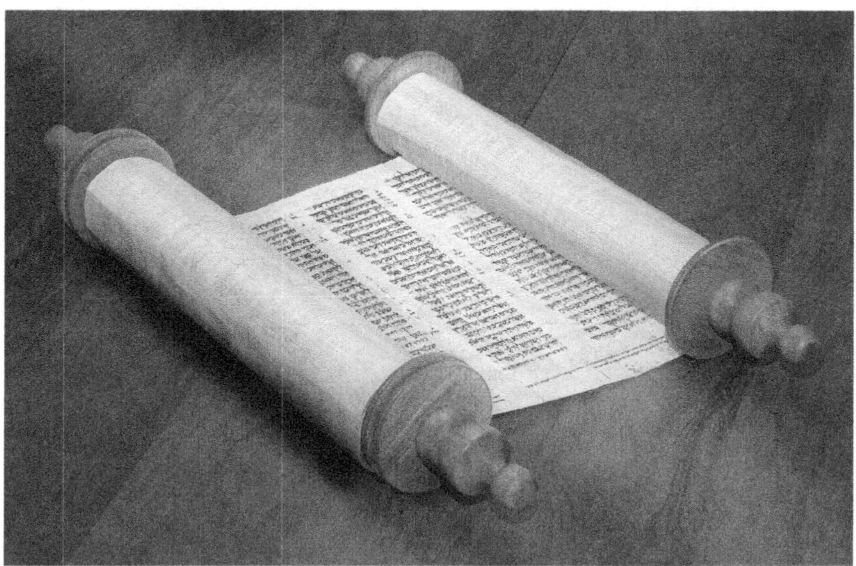

iStock.com/ jgroup

He escogido los principios básicos de la Biblia y del Tao, porque son los dos libros más leídos de la historia de la humanidad. Sólo la Biblia ha sido adquirida por más de cinco mil millones de personas.

Y también, porque contienen la esencia de los principios universales, latiendo en cada palabra.

Por eso considero importante reflejar aquí, algunos de los preceptos, para este camino que estamos recorriendo juntos.

Claro está que tanto el Tao como la Biblia, son libros muy extensos y que, en cada una de sus páginas, podemos quedarnos horas y horas meditando.

Por eso, he sintetizado algunos conceptos de ambos libros, que pueden sernos útiles en este camino, invitándote querido lector, a que los estudies y los leas en profundidad. En ellos está la fuente de la sabiduría y del crecimiento espiritual, que te conducirá directo a la libertad del alma.

Empezamos.

# PRINCIPIOS BÁSICOS DEL TAO PARA TU DESARROLLO PERSONAL

iStock.com/Stas-Bejsov

«Cuida tus pensamientos,
ellos se convierten en palabras.
Cuida tus palabras,
ellas se convierten en oraciones.
Cuida tus oraciones,
ellas se convierten en hábitos.
Cuida tus hábitos,
ellos se convierten en carácter.
Cuida tu carácter,
él ser convierte en tu destino».

(Lao Tse)

## PRINCIPIOS BÁSICOS DEL TAO

El *Tao Te Ching*, es el libro más vendido de oriente y él más traducido del mundo.

Después de la Biblia, es el que cuenta con más traducciones al inglés.

El texto del Tao tiene una historia muy larga, ya que en el año 1993, se encontró su versión más antigua conocida hasta la fecha, que data de 3000 años a.C. y que está escrita en tiras de bambú. Con este descubrimiento se recuperaron 14 versos que eran desconocidos y que se denominan «Textos de Guodian», por haber sido descubiertos en la ciudad de Guodian, provincia de Hubei.

El Tao se divide en 81 capítulos, pero aquí solo vamos a ver cinco de ellos, que nos ayudarán en el camino que emprendemos.

Aunque lógicamente os recomiendo leer el Tao entero, ya que es un libro fascinante.

Muchos maestros espirituales y filósofos, consideran que el Tao es: «el discurso definitivo sobre la existencia de todo lo que conocemos en el plano material y espiritual».

En sus pasajes nos invita a vivir de un modo equilibrado y espiritual, que infunde calma y confianza en el universo y en la vida.

El autor fue Lao Tse, un profeta chino que trabajaba guardando documentos y archivos y que fue capaz de plasmar las enseñanzas esenciales para la vida en tan solo cinco mil caracteres chinos.

El pasaje siguiente está extraído del libro 365 Tao: *Daily Meditations de Deng Ming- Dao,* versión en inglés. Dice lo siguiente:

> «Si dedicas un largo periodo de tiempo al estudio y al cultivo de tu persona, entrarás en el Tao. Al hacerlo, también entrarás

en un mundo de percepciones extraordinarias. Experimentarás cosas inimaginables, recibirás ideas y enseñanzas que aparentemente no proceden de ninguna parte, percibirás sensaciones que podrían calificarse de proféticas. Pero si tratas de transmitir tus experiencias, nadie te va a comprender, nadie te va a creer. Cuanto más transites por este camino, más te alejarás de la manera en que la sociedad actúa normalmente. Puede ser que veas la verdad, pero descubrirás que la gente prefiere escuchar a los políticos, comediantes y charlatanes.

Si se te conoce como seguidor del Tao, es posible que haya gente que quiera hablar contigo, pero raras veces son esas las personas que comprenden la verdad del Tao. Ellas querrían utilizar el Tao como muleta. Hablarles de las maravillas que he visto se convierte a menudo en una fútil contienda con absoluta falta de comunicación. Por eso se dice que las personas que saben no hablan.

¿Por qué no permanecer tranquilamente sin hacer nada?

Disfruta del Tao a tu manera. Deja que los demás crean que eres tonto. Conocerás en tu interior la alegría de los misterios del Tao. Si encuentras a alguien que pueda beneficiarse de tu experiencia, debes compartirla. Pero si eres simplemente un trotamundos dentro de una multitud de personas extrañas, lo más sensato que puedes hacer, es mantenerte en silencio».

Esta es una de las enseñanzas del Tao. Que disfrutes del misterio de la vida. Que permitas y dejes que el mundo se revele ante tus ojos, sin presionar o presionarte a ti mismo, para tratar de entenderlo todo. Que no fuerces las cosas, ni las situaciones.

Que te relajes, aceptes la vida y dediques tu tiempo a crear, mentalmente, aquello que deseas ver manifestado.

Ahora vamos a estudiar 5 versos que he seleccionado para ti por su importancia en el viaje interior que estás haciendo.

¡Allá vamos!

## VERSO XLIX

## UNA VIDA SIN CRÍTICA NI JUICIOS A TI MISMO Y A LOS DEMÁS

«El sabio no tiene una mente rígida;
es consciente de las necesidades de los demás.
A los buenos los trata con bondad.
A los malos también los trata con bondad
porque la naturaleza de su ser es buena.

Es amable con los amables.
También es amable con los que no lo son
porque la naturaleza de su ser es amable.

Es fiel con los fieles.
También es fiel con los infieles.
El sabio vive en armonía con todo lo que está bajo la capa del cielo.

Ve a todas las cosas como si fueran él mismo;
ama a todos como a su propio hijo.

Atrae a todas las personas.
Se comporta como un niño pequeño».

Este verso es una invitación, a cambiar nuestro modo de mirar, a las personas con las que nos encontramos en la vida. A no juzgar a los demás bajo ningún concepto. Pues cada crítica contra alguien, es una manera de criticarnos y juzgarnos a nosotros mismos.

A lo largo de sus palabras, Lao Tse, nos anima a adentrarnos en la paz, y a imaginar un mundo en el que todas las personas puedan vivir en armonía.

Los juicios no son útiles sino todo lo contrario. De hecho, son los responsables de los mayores desastres que llevan a cabo los humanos. Juzgar al otro desde nuestro punto de vista es una manera de imponer nuestra mirada a los demás y de cerrarnos a entender, que cada ser humano es diferente.

El Tao no excluye a nadie, porque cree que, dejando de ver las diferencias en los demás, se podría poner fin a todas las guerras. El Tao dignifica a todos sin excepción. El **TAO** es la expresión de la unión entre todas las personas, como parte de una misma cosa.

Este verso es una invitación a cambiar tus creencias y tus mapas de ideas. A alumbrar la conciencia de las cosas en lugar de juzgarlas y oponernos a ellas.

Es en definitiva una invitación a cultivar la alegría y la armonía en nuestras vidas.

## PRACTICA EL VERSO

Un ejercicio muy potente y poderoso para poner en marcha este verso, en nuestra vida,lo puedes hacer solo en un día. Proponte pasar un día entero siendo amable, en situaciones en las que normalmente, te enfadarías y emitirías juicios de valor.

Así de sencillo y así de fácil al mismo tiempo.

Disminuye tu crítica hacia todo lo que te rodea.

Deja de hablar de tu jefe, de tus compañeros, de tus vecinos... suéltalo por un día y observa lo que pasa...

Ábrete al Tao.

Deja que pase.

Él abrirá todas tus puertas.

## VERSO XX

## ABANDONAR LA LUCHA

«Prescinde del estudio tú te liberarás
de todas tus preocupaciones.
¿Qué diferencia hay entre sí y no?
¿Qué diferencia hay entre bien y mal?

¿Debo temer lo que los otros temen?
¿Debo temer la infelicidad cuando existe la abundancia?
¿Debo temer la oscuridad cuando hay una luz que siempre brilla?
En primavera algunos van al parque y a las terrazas,
mientras yo vago solitario, sin saber dónde estoy.
Como un recién nacido que aún no sabe reír,
estoy solo sin un lugar adónde ir.
La gente vive en la abundancia;
solo a mí me parece faltarme algo.
Mi mente es la de un alfabeto,
de una completa simpleza.
Solo soy un huésped en este mundo.

Mientras los demás se ajetrean con sus cosas,
yo acepto lo que se me ofrece.
Solo yo parezco un insensato,
que gana poco y gasta menos.
Otros luchan por la fama;
yo evito ser el centro de atención,
me gusta más quedarme solo.
Sí, parezco un idiota, sin juicio
sin preocupaciones.
Me muevo como las olas del mar.
Voy sin rumbo, como el viento.
Los hombres se acomodan en sus rutinas;
solo yo sigo vagando tercamente.
Y en lo que más difiero de los demás,
es en que sé nutrirme de la gran Madre».

Este verso es una invitación a ir hacia dentro de nosotros mismos y a vivir sin luchar en el plano físico.

Es un modo de decirnos, que vivamos el presente y el aquí y el ahora.

Que dejemos de preocuparnos por cosas que probablemente nunca pasarán. Pues la mayoría de las veces nos preocupamos por situaciones que nunca suceden en la vida real. Situaciones que son producto de nuestra imaginación.

Dejar de ir al pasado para sentirnos mal, entristecernos o frustrarnos y dejar de ir al futuro para preocuparnos y desconfiar de la vida.

El hecho de estar en el momento presente te ayuda a verte de manera plena y de ese modo te conectas a **LA GRAN MADRE**, que es la **ENERGÍA UNIVERSAL**. Esa **ENERGÍA UNIVERSAL** es también el Tao.

En el verso, Lao Tse, habla de cómo los demás pueden tratar de estigmatizarte y de tratar de hacerte perder tu valor. Pero hemos de permanecer en el Tao desde la certeza de estar en nuestro centro interior. Desde el conocimiento de que son ellos, quienes caminan ciegos y no son capaces de ver la felicidad y la dicha de un corazón que está habitando el Tao.

Deja de luchar y fluye con la vida. Se puede dejar de luchar y vivir satisfecho sin ninguna confrontación.

Todo lo que desees conseguir no lo luches, siéntelo, vívelo desde la certeza y la calma y así lo verás manifestado.

## PRACTICA EL VERSO

Echa un vistazo a tu vida y mira todo aquello que peleas diariamente.

Piensa en las veces que pensaste que la vida era luchar. En las veces que te has dicho a ti mismo que debes luchar o pelear por esto o por lo otro.

Abandona esa idea y ve a la conciencia de que todo cuanto tienes, multiplicado por mil, podrías haberlo logrado, sin enfrentamiento ni contienda.

Piensa que la lucha bloquea la energía y no deja que esta fluya, por eso, el Tao te invita a la calma y a la paz.

Piensa en todas las veces que te has PRE- OCUPADO (ocuparte de manera prematura de algo que no ha ocurrido) para nada.

Piensa en la energía vital derramada de manera absurda.

Fluye. Abandona las armas. Deja de enfrentarte y crea todo lo que deseas, desde dentro de ti mismo.

Deja de ver la vida como un campo de batalla y abre las puertas a la gratitud.

Haz una lista de todas las cosas buenas que tienes en tu vida.

Luego haz otra de todas las que deseas conseguir.

Suelta las armas y mírate en el espejo para decírtelo a la cara.

— ¡Suelto las armas! —dite. Todo multiplicado por mil lo puedo conseguir desde la paz.

Busca tu centro interior y desde allí, emprende el camino para lograr todo cuanto desees.

## VERSO LIII

## SOMOS UNA UNIDAD

«Aunque solo tuviera un poco de conocimiento,
avanzaría por el Gran Camino
con el único temor a extraviarme.
El Gran Camino es llano y recto,
pero la gente prefiere los senderos sinuosos.
Por eso la corte está corrompida,
los campos invadidos por la hierba
y los graneros vacíos.

Vestir con lujoso ropaje,
portar afiladas espadas,
hartarse de comida y bebida,
amasar una fortuna hasta el punto de no saber
qué hacer con ella,
es ser igual que un ladrón.
Todo el lujo obtenido a expensas de los demás
es como la jactancia del bandido ante el botín.
Esto no es el Tao.

De este verso existe una traducción alternativa realizada por Witter Bynner en el año 1943:

«Mira lo bonitos que son los palacios

y lo pobres que son las granjas.

Cuán vacíos están los graneros de los campesinos

mientras los burgueses lucen bordados

que esconden afiladas armas.

Cuanto más tienen, más acaparan.

¿Cómo puede haber hombres como estos,

que nunca pasan hambre ni sed,

y así y todo comen y beben hasta reventar?»

Este verso habla del reparto, que hace el hombre, con las riquezas que hay en el mundo. De manera que mucha gente muere de hambre cada día, mientras se tiran ingentes cantidades de comida en otros lugares.

Caminar el camino del Tao, es comprender que eso no es el Tao. Que la abundancia del mundo es de todos los seres humanos por igual.

En este verso, el Tao nos invita a dejar los «caminos sinuosos», cuando debemos escoger los rectos. Esos que nos llevan a entender que **TODOS SOMOS UNA UNIDAD** y que lo que pasa en una punta del mundo, afecta a la otra parte. Y que el dolor de un ser humano, es también un dolor para nosotros.

Es una lección para cambiar la manera de entender el mundo y dejar de creer que los desequilibrios son parte de la vida. Eso es estar en el Tao.

Nada cambiará si nos sentimos culpables por tener cosas que otros no pueden disfrutar.

Camina por la vida haciendo el bien.

No censures a otras personas que no piensan como tú. Deja que eso pase delante de tus ojos y no lo potencies prestándole atención. No les juzgues y avanza.

Haz que tu vida sea un ejemplo de caridad y honorabilidad.

## PRACTICA EL VERSO

Ve a tu corazón y siembra en él la compasión. Hazlo con aquellos que tienen menos que tú y con aquellos que viven en la lucha y en la guerra contra todos y contra sí mismos. Compadécete de los que caminan ciegos.

Bendice a aquellos que no piensan como tú y que incluso no te aceptan. Abre tu corazón a que la compasión lo inunde todo y reza en silencio por aquellas personas que no pueden ver más que odio y miseria. Porque en sus atormentadas vidas, eso es lo que ellos piensan, manifiestan y son.

## VERSO XXII

## LA VIDA ES FLEXIBILIDAD

«Lo flexible nunca se rompe.

Lo que se dobla se endereza.

Lo que está vacío se llena.

Lo que está consumido se renueva.

Los pobres se enriquecen.

Los ricos se ofuscan.

Por eso el sabio abraza la unidad.

Y como no se muestra con ostentación

las gentes pueden ver su luz.

Como no tiene nada que demostrar;

las gentes confían en lo que dice.

Como no sabe quién es;

las gentes se reconocen en él.

Como no tiene un objetivo,

todo lo que hace tiene éxito».

Este verso es una invitación a ser flexibles en la vida. A respetar a los demás y a ser tolerantes con el resto de personas, dejando atrás la intransigencia y la necesidad de que todos se ajusten a los que nosotros pensamos.

Nos habla de la sencillez de entender a los demás como expresiones de la Unidad que somos todos. Es una manera de decirnos que dejemos de necesitar ser el centro de atención y pensar que toda gira a nuestro alrededor. El sabio, como dice el poema, se muestra sin ostentación.

Deja de querer tener siempre razón y la gente te prestará atención, porque verá que nada buscas. Cuando dejamos de imponernos y de querer colocar nuestro punto de vista por encima del de otros, el resto de personas se identifican con nosotros y nos prestan su confianza.

Deja de ser rígido y aborda las tormentas de tu vida desde la flexibilidad y la confianza.

Busca la causa de tu rigidez. Probablemente sea el miedo.

Has de superar tu miedo si quieres vivir en el Tao.

## PRACTICA EL VERSO

En el día de hoy haz un ejercicio valioso para la vida en el Tao.

Escucha sin juzgar la opinión de otra persona respecto a un tema con el que no estás para nada de acuerdo. Quizás sea alguna idea política, o alguna idea relacionada con un tema controvertido... lo que sea.

Escúchale sin interrumpirle y contéstale:

Yo pienso de otro modo, pero gracias por compartir tus ideas conmigo.

Esta es la flexibilidad del Tao, que nace desde la renuncia a la imposición de nuestro ego.

## VERSO LXIX

## SOLTAR A LOS ENEMIGOS

«Dice un proverbio militar;
no seré yo quien ose empezar;
prefiero actuar como un huésped;
no seré yo quien ose avanzar un centímetro
prefiero replegarme medio metro.

A esto se le llama
progresar sin avanzar;
forzar la retirada sin usar las armas.

No hay mayor infortunio
que sentir "tengo un enemigo"
porque cuando coexistimos "yo" y "un enemigo"
no hay espacio para mi tesoro.

Por tanto, cuando nos enfrentan dos oponentes,

el que no considera al otro un enemigo

triunfará con toda seguridad.

Cuando dos ejércitos tienen fuerzas parejas;

ganará el más compasivo de ellos».

Elimina de tu pensamiento la palabra «enemigo». Lao Tse habla de que en caso de que la batalla sea inevitable, el punto de vista del Tao es el de la defensa y no el del ataque.

Si eliminamos el concepto de enemigo y llenamos nuestro corazón de amor, entraremos directamente en el Tao.

Uno de los ejemplos de vivir sin enemigos, lo representa Liu Xiaobo, un intelectual, escritor y activista por los derechos humanos, que criticó la República Popular China.

Fue perseguido por el régimen comunista de su país y encerrado en prisión en varias ocasiones por, según el régimen: «incitar a la subversión del Estado». Por ese motivo se convirtió en un preso político.

En una entrevista concedida al diario *EL País*, un mes antes de morir en prisión por un cáncer de hígado, expresó literalmente:

«Luego de mi liberación de la prisión de Qincheng en 1991, yo, que había sido llevado al camino de la disidencia política por las cadenas psicológicas del 4 de junio, perdí también el derecho a hablar en público en mi propio país y solo podía hablar a través de los medios de comunicación extranjeros. Debido a esto, fui sometido a un seguimiento permanente, mantenido bajo vigilancia domiciliaria (de mayo de 1995 a enero de 1996) y fui enviado al programa de reeducación a través del trabajo (de octubre de 1996 a octubre de 1999). Y ahora otra vez he sido empujado al banquillo de los acusados por un régimen con mentalidad de enemigos. Pero todavía quiero decirle a este régimen, que me priva de mi libertad, que me atengo a las convicciones que expresé hace 20 años en mi Declaración de huelga de hambre del 2 de junio: No tengo enemigos, no conozco el odio. Ninguno de los policías que me vigiló, me arrestó y me interrogó, ninguno de los fiscales que me acusó, y ninguno de los jueces que me juzgaron son mis enemigos. Aunque no hay manera de que pueda aceptar su vigilancia, detenciones, procesamientos y sentencias, yo respeto sus profesiones y su integridad, incluidos los dos fiscales, Zhang Rongge y Pan Xueqing, que ahora presentan los cargos en mi contra. Durante el interrogatorio del 3 de diciembre, pude sentir su respeto y su buena fe.

El odio puede erosionar la inteligencia de una persona y su conciencia. La mentalidad de enemigos va a envenenar el espíritu de una nación, incitar crueles luchas, destruir la tolerancia de la sociedad y la humanidad, y obstaculizar el progreso de una nación hacia la libertad y la democracia. Es por eso que espero ser capaz de trascender mis experiencias personales mientras analizo el desarrollo de nuestra nación y el cambio social; espero poder hacer frente a la hostilidad del régimen con mayor buena voluntad; y espero poder disipar el odio con el amor».

Liu Xiaobo, fue premiado con el Premio Nobel de la Paz en 2010, mientras su país y el régimen comunista lo mantenían entre rejas. Por lo que no pudo ir a recogerlo.

## PRACTICA EL VERSO

Niégate a pensar que tienes enemigos. Suelta ese peso.

Hay personas con las que estás en desacuerdo, pero no tienes enemigos. Solo personas que están en desacuerdo.

No inicies nunca una disputa. Mira a los que antes considerabas como oponentes y piensa que son compañeros.

Envíales compasión y amor.

Busca una frase compasiva y escríbela para recordarla cada día. Puedes colocarla en la nevera o en un lugar que veas habitualmente. De ese modo, la compasión y el amor al prójimo se irán abriendo camino en tu vida.

**RECUERDA: TODOS SOMOS UNA MISMA COSA.**

# LOS PRINCIPIOS BÁSICOS DE LA BIBLIA

«Al que cree, todo le es posible».

(Marcos 9,14-29)

Como ya sabes, la Biblia es el libro más vendido del mundo, el más leído y el más traducido.

Pero probablemente, debido a la negativa influencia de la Iglesia, te hayas mantenido lejos de él, e incluso puede que no quieras acercarte a descubrir sus enseñanzas.

Ese rechazo es algo normal, teniendo en cuenta la historia de sangre y horror que ha protagonizado la Iglesia. Lo entiendo perfectamente, porque a mí me pasaba lo mismo.

Sentía un gran rechazo hacia todo lo que tuviera que ver con la Iglesia, porque es fuente de todo dolor hacia la humanidad y hacia el mundo. Cuna de injusticias y de violaciones de derechos humanos.

En definitiva, para mí, la Iglesia es todo lo contrario a lo que Jesús se empeñó en enseñar. De hecho, es uno de los lugares en los que menos se predican sus enseñanzas.

Pero es cierto que,dentro de todas las estructuras, hay personas que tratan de hacer lo mejor, con lo que tienen a su alcance. Como la Madre Teresa de Calcuta y miles de personas anónimas que, dentro de la cintura eclesiástica, trabajaron y trabajan duro por cambiar el mundo desde la caridad y la entrega a los demás. Gentes que practican el amor todos los días de su vida.

Por ese motivo, en el año 2018, cuando estaba decidiendo si aceptar o no, encabezar una lista electoral, entrando así de lleno en el mundo de la política, fue a un cura a quien le pedí consejo.

Pero no a cualquiera, no, a alguien muy especial, pues era el padre de una amiga mía.

Aquel hombre, fue de los pocos curas, que renunciaron a algunos de los votos, entre ellos al de castidad. Por lo que se enfrentó a la curia en un momento histórico muy complejo, pues España vivía una dictadura militar, apoyada por el clero.

El padre Aguiló, se negó a renunciar al amor. Y se opuso a una institución que tolera muy poco las disidencias. Pero él, lo hizo. De ahí mi respeto y admiración hacia su persona y hacia su trayectoria como hombre de **FE**.

El padre Aguiló y yo nos encontramos una noche en el verano de 2018, cuando estuve pasando unos días junto a su hija Ángela, en Sant Elm, la zona noroeste de la costa mallorquina.

Fue entonces cuando tuve la ocasión de tomar algo con él, conversar por largo de rato de mil cosas y después, pedirle consejo.

Lo hice aprovechando un momento en el que nos quedamos solos, ya que Ángela había ido a por el coche, para recogernos y volver al apartamento. Había luna creciente y estábamos esperando junto al mar a que ella llegara. Y entonces le solté la pregunta:

— ¿Cree que tengo que aceptar la oferta política?

Recuerdo que se quedó callado tras hacerle la petición y se llevó la mano a la barbilla, mientras pensaba.

— Si quieres hazlo, pero no dejes que nadie te manipule y sé siempre, un verso libre.

Eso dijo aquel hombre que sabía muy bien, que no debía renunciar a ser yo misma, independientemente del espacio que yo habitara.

Y eso, exactamente, es lo que hice.

Porque siempre hay que pedirle consejo a quien ha logrado lo que tú deseas. Por eso no fui a buscar a alguien sumiso o doblegado al sistema **NO**.

Le pedí consejo a quien le ganó la partida al sistema.

Como te decía antes, si te sientes incómodo con la Biblia, mi recomendación que es sigas leyendo este capítulo y te abras a descubrirla.

Es un libro tremendamente inspirador.

¡Vamos a conocerlo más!

## ASÍ SE GESTÓ LA BIBLIA

Durante siglos los seguidores de Jesús fueron perseguidos por los romanos. Azotados, asesinados, torturados y masacrados, por su Fe.

Pero el emperador Constantino publicó un decreto en el año 313, que se llamaba «El Decreto de Milán», en el que concedía tolerancia religiosa a todo el pueblo.

Tiempo después y tras convertirse él mismo, al cristianismo, el emperador Constantino, en el año 325 convocó Consejo de Nicea. Este consejo era un grupo de personas que él había nombrado para discutir sobre la unificación de los textos que conocemos hoy de la Biblia.

Pues en aquel momento la Biblia no estaba aún formada y había libros y múltiples escritos y documentos, diseminados. Sin un cuerpo común.

En aquella época había un gran debate teológico, pues se daban cita en la misma época histórica, diferentes corrientes religiosas. Todas ellas con maneras distintas de mirar la Fe y la vida.

Por ese motivo lo que el Emperador Constantino pretendía era convertir la diversidad en la imposición de una norma y así instaurar el pensamiento único. Movido por esa intención convocó el Consejo. De esa manera recopilaron alguna documentación y desecharon otra, creando el escrito bíblico, tal y como lo conocemos.

Una de las intenciones principales, era acabar con la corriente gnóstica, que eran aquellos grupos espirituales, que enfatizaban el conocimiento espiritual (gnosis), por encima de las enseñanzas y tradiciones de la iglesia. Por lo que eran el enemigo a batir ya que significaban el libre pensamiento.

En la Biblia solo se reconocen cuatro evangelios. Estos son los denominados evangelios canónicos que son: el de Lucas, Mateo, Marcos y Juan. Por lo que dejaron fuera toda la documentación que a día de hoy forman los denominados evangelios apócrifos y que no fueron reconocidos, por intereses históricos y políticos, como hemos visto.

Los evangelios apócrifos componen un núcleo muy importante de las enseñanzas de Jesús, contadas por algunos de sus discípulos. Por ese motivo la Biblia es un libro que ha sido modificado y que representa solo una parte de la vida y obra de Jesús de Nazaret.

Para que te hagas una idea de todo lo que desecharon, los evangelios apócrifos son:

- Evangelio de los Hebreos.
- Evangelio griego de los egipcios.
- Evangelio de Marción.
- Evangelio secreto de Marcos.

- Evangelio de Judas.
- Evangelio de María Magdalena.
- Evangelio de la esposa de Jesús.
- Fragmentos de Oxyrhynchus.
- Protoevangelio de Santiago.
- Evangelio del Pseudo Mateo.
- Libro sobre la Natividad de María.
- Liber de infantia Salvatoris.
- Evangelio del Pseudo Tomás.
- Evangelio árabe de la infancia.
- Historia de José el carpintero.
- Evangelio armenio de la infancia.
- Libro sobre la infancia del Salvador.
- Evangelio de Pedro.
- Actas de Pilato.
- Evangelio de Bartolomé.
- Apócrifos gnósticos de Nag Hammadi o también denominados «Rollos del Mar Muerto». Los cuales contienen los siguientes evangelios:
- Evangelio de Tomás.

- Evangelio de Felipe.
- Evangelio de María Magdalena.

**OS PODÉIS IMAGINAR TODO LO QUE SABEMOS QUE QUEDÓ FUERA DE SER RECONOCIDO MÁS TODO LO QUE NO SABEMOS PORQUE LO HAN OCULTADO.**

Tras esta breve aproximación, vamos a estudiar algunos principios de la Biblia desde el punto de vista de las parábolas.

En los libros de sabiduría ancestral, se utilizan diferentes formas de transmitir conocimientos que van más allá de las palabras.

Como habéis visto, el Tao está escrito en un lenguaje que utiliza mucho las figuras antagónicas, como estas:

Lo que se dobla se endereza.

Lo que está vacío se llena.

Lo que está consumido se renueva.

Los pobres se enriquecen.

Los ricos se ofuscan.

En la Biblia, hay recogidas muchas de las enseñanzas de Jesús, las cuales expresó en parábolas. Ese era su modo de dar su mensaje. Prueba de ello es que hay parábolas también en los evangelios apócrifos.

Las parábolas son historias de hechos cotidianos que revelan un misterio espiritual, dado por Jesús.

Por eso estudiaremos algunas de ellas que entrañan un mensaje maravilloso para alumbrar este camino que estamos recorriendo juntos.

«Jesús dijo que usaba parábolas para que solo comprendiesen su palabra, aquellos que habían aceptado a Dios en su corazón. También para ayudar a ver la luz a los que viven con su "corazones endurecidos" y han "cerrado sus ojos».

## PARÁBOLA DEL SEMBRADOR

iStock.com/ kazoka30

Mateo 13,3-23, Marcos 4,2-20 y Lucas 8,4-15 contienen la parábola del sembrador.

(Mt. 13, 1-9)

13, 1. Aquel día salió Jesús de la casa y se sentó junto al mar.

13, 2. Y se le juntó mucha gente; y entrando él en la barca, se sentó, y toda la gente estaba en la playa.

13, 3. Y les habló muchas cosas por parábolas, diciendo: He aquí, el sembrador salió a sembrar.

13, 4. Y mientras sembraba, parte de la semilla cayó junto al camino; y vinieron las aves y la comieron.

13, 5. Parte cayó en pedregales, donde no había mucha tierra; y brotó pronto, porque no tenía profundidad de tierra;

13, 6. pero salido el sol, se quemó; y porque no tenía raíz, se secó.

13, 7. Y parte cayó entre espinos; y los espinos crecieron, y la ahogaron.

13, 8. Pero parte cayó en buena tierra, y dio fruto, cuál a ciento, cuál a sesenta, y cuál a treinta por uno.

13, 9. El que tiene oídos para oír, oiga.

Esta parábola nos está hablando de **LA FE**. De como la palabra llega a las personas, como si de una semilla se tratase. Y describe de qué manera, esa semilla toma o no, asiento en ellas.

En la primera parte, Jesús cuenta, que las aves se comieron la semilla, refiriéndose a esas personas que niegan la propia experiencia espiritual. Esos que piensan que se vive y se muere, y ya está. Que no hay nada más allá y que entienden como válido el absurdo sin sentido, de una vida que simplemente se acaba. Esos que cuando escuchan algún mensaje relacionado con lo espiritual, lo atacan de mil formas y maneras.

Esos que creen que ellos, son el principio y el fin de todo. Esos que piensan que lo que hay por descubrir es aquello que pueden etiquetar y constreñir bajo un nombre. Esos que no tienen **FE.**

Esos que permanecen ciegos. Personas negadas a la experiencia espiritual.

En la segunda parte, nombra que la semilla se cayó por pedregales, pero que como no había mucha tierra, al brotar las plantas, se quemaron por no tener raíz. Ahí se refiere a las personas que sintonizan con el mundo espiritual y reciben las enseñanzas con alegría y con FE. Pero que esa Fe les dura poco, porque no han hecho de verdad, una transformación interna potente, sino superficial y sin grandes cambios.

Son comprometidas, como hemos visto antes. No implicadas.

Estas personas cuando llegan los momentos difíciles, en los que tienes que enfrentarte a tus demonios y lograr salir adelante, pierden la **FE**. Eso es así porque las raíces de su **FE** eran débiles y no entraron en la tierra, agarrándose a ella. Estaban comprometidos y no implicados.

En la tercera parte de la parábola, Jesús habla de que las semillas que cayeron entre espinos y se ahogaron, porque los espinos no las dejaron crecer. Se refiere a las personas que se dejan llevar por lo material, por los deseos, por el ego, por la envidia.De esa manera,su parte espiritual se ahoga y no florece. Personas que miran la espiritualidad desde el beneficio propio y no entienden que tu desarrollo, es en beneficio de toda la humanidad. Que lo haces por todos.

En la cuarta parte Jesús dice que las semillas cayeron sobre buen terreno y dieron fruto. De ese modo se refiere a las personas que han pasado por momentos de tribulación y prepararon su tierra para recibir la vida que quieren tener. Esas personas que se abren a la vida y al universo. Que quieren crecer, ser mejores, conocerse, amarse en toda su plenitud y contagiar al resto de seres humanos de la plenitud de su conciencia. Las personas implicadas a las que **LES VA LA VIDA EN ELLO**. Esas que quieren desarrollarse y ser mejores para todos los demás y para sí mismas.

**ESTE LIBRO ESTÁ PREPARANDO TU TIERRA. PARA QUE SEA FÉRTIL.**

**PARA QUE PUEDAS ECHAR RAÍZ Y SEAS QUIEN HAS VENIDO A SER EN REALIDAD.**

Continuamos...

## PARÁBOLA DEL TRIGO Y LA CIZAÑA

iStock.com/ IvanWuPI

El reino de los cielos es semejante a un hombre que sembró buena semilla en su campo;

pero mientras dormían los hombres, vino su enemigo y sembró cizaña entre el trigo, y se fue.

Y cuando salió la hierba y dio fruto, entonces apareció también la cizaña.

Vinieron entonces los siervos del padre de familia y le dijeron: Señor, ¿no sembraste buena semilla en tu campo? ¿De dónde, pues, tiene cizaña?

Él les dijo: Un enemigo ha hecho esto. Y los siervos le dijeron: ¿Quieres, pues, que vayamos y la arranquemos?

Él les dijo: No, no sea que, al arrancar la cizaña, arranquéis también con ella el trigo.

Dejad crecer juntamente lo uno y lo otro hasta la siega; y al tiempo de la siega yo diré a los segadores: Recoged primero la cizaña, y atadla en manojos para quemarla; pero recoged el trigo en mi granero.

Con esta parábola Jesús quiere que te enfoques en **TI, EN LA CEBADA.**

Tú quieres sembrar cebada y una persona siembra cizaña. Si te preocupas de la cizaña de otros descuidarás y quizás destroces tu sembrado de cebada. No dejes que la cizaña de nadie te distraiga de lo que tú sembraste y quieres obtener.

Muchas personas me escriben y me cuentan cosas, terriblemente dolorosas, que han vivido, en relación a personas que les hicieron mucho daño. Lo curioso es que en esa conversación nombran a esa persona montones de veces. De tal manera que **NO DICEN NI UNA SOLA VEZ COMO SE SIENTEN ELLAS**. Están pendientes de la cizaña y dejaron de centrarse en la cebada.

Si te enfocas en la cizaña que te sembraron, tendrás tu granero siempre vacío.

## PARÁBOLA DEL HIJO PRÓDIGO

unsplash.com/ Tim Mossholder

Un hombre tenía dos hijos;

y el menor de ellos dijo a su padre: Padre, dame la parte de los bienes que me corresponde; y les repartió los bienes.

No muchos días después, juntándolo todo el hijo menor, se fue lejos a una provincia apartada; y allí desperdició sus bienes viviendo perdidamente.

Y cuando todo lo hubo malgastado, vino una gran hambre en aquella provincia, y comenzó a faltarle.

Y fue y se arrimó a uno de los ciudadanos de aquella tierra, el cual le envió a su hacienda para que apacentase cerdos.

Y deseaba llenar su vientre de las algarrobas que comían los cerdos, pero nadie le daba.

Y volviendo en sí, dijo: ¡Cuántos jornaleros en casa de mi padre tienen abundancia de pan, y yo aquí perezco de hambre!

Me levantaré e iré a mi padre, y le diré: Padre, he pecado contra el cielo y contra ti.

Ya no soy digno de ser llamado tu hijo; hazme como a uno de tus jornaleros.

Y levantándose, vino a su padre. Y cuando aún estaba lejos, lo vio su padre, y fue movido a misericordia, y corrió, y se echó sobre su cuello, y le besó.

Y el hijo le dijo: Padre, he pecado contra el cielo y contra ti, y ya no soy digno de ser llamado tu hijo.

Pero el padre dijo a sus siervos: Sacad el mejor vestido, y vestidle; y poned un anillo en su mano, y calzado en sus pies.

Y traed el becerro gordo y matadlo, y comamos y hagamos fiesta;

porque este mi hijo muerto era, y ha revivido; se había perdido, y es hallado. Y comenzaron a regocijarse.

Y su hijo mayor estaba en el campo; y cuando vino, y llegó cerca de la casa, oyó la música y las danzas;

y llamando a uno de los criados, le preguntó qué era aquello.

Él le dijo: Tu hermano ha venido; y tu padre ha hecho matar el becerro gordo, por haberle recibido bueno y sano.

Entonces se enojó, y no quería entrar. Salió por tanto su padre, y le rogaba que entrase.

Mas él, respondiendo, dijo al padre: He aquí, tantos años te

> sirvo, no habiéndote desobedecido jamás, y nunca me has dado ni un cabrito para gozarme con mis amigos.
>
> Pero cuando vino este tu hijo, que ha consumido tus bienes con rameras, has hecho matar para él el becerro gordo.
>
> Él entonces le dijo: Hijo, tú siempre estás conmigo, y todas mis cosas son tuyas.
>
> Mas era necesario hacer fiesta y regocijarnos, porque este tu hermano era muerto, y ha revivido; se había perdido, y es hallado.

Con esta parábola nos explica Jesús el poder de la bondad y la gratitud, pues todo el mundo se equivoca alguna vez. Todos comentemos errores o hacemos cosas que no deberíamos haber hecho. Estamos en el camino aprendiendo en cada paso.

Aceptar que todos estamos caminando en la vida y aprendiendo día tras día, es una enseñanza muy valiosa para no guardar resentimiento dentro de nuestro corazón. Por eso hay que dejar de juzgar los actos del resto de personas.

Somos libres para cerrar una puerta y somos libres para poner límites a los demás. Pero cuando una persona se arrepiente de corazón de lo que nos ha hecho, perdonar es el camino de nuestra propia liberación.

## PARÁBOLA DEL BUEN SAMARITANO

unsplash.com/ Timothy Eberly

En esto se presentó un experto en la ley y, para poner a prueba a Jesús, le hizo esta pregunta:

—Maestro, ¿qué tengo que hacer para heredar la vida eterna?

Jesús replicó:

—¿Qué está escrito en la ley? ¿Cómo la interpretas tú?

Como respuesta el hombre citó:

—«Ama al Señor tu Dios con todo tu corazón, con todo tu ser, con todas tus fuerzas y con toda tu mente», y: «Ama a tu prójimo como a ti mismo».

—Bien contestado —le dijo Jesús—. Haz eso y vivirás.

Pero él quería justificarse, así que le preguntó a Jesús:

¿Y quién es mi prójimo?

Jesús respondió:

Bajaba un hombre de Jerusalén a Jericó, y cayó en manos de unos ladrones. Le quitaron la ropa, lo golpearon y se fueron, dejándolo medio muerto. Resulta que viajaba por el mismo camino un sacerdote quien, al verlo, se desvió y siguió de largo. Así también llegó a aquel lugar un levita y, al verlo, se desvió y siguió de largo. Pero un samaritano que iba de viaje llegó a donde estaba el hombre y, viéndolo, se compadeció de él. Se acercó, le curó las heridas con vino y aceite, y se las vendó. Luego lo montó sobre su propia cabalgadura, lo llevó a un alojamiento y lo cuidó. Al día siguiente, sacó dos monedas de plata[c] y se las dio al dueño del alojamiento. «Cuídemelo —le dijo—, y lo que gaste usted de más, se lo pagaré cuando yo vuelva».

¿Cuál de estos tres piensas que demostró ser el prójimo del que cayó en manos de los ladrones?

—El que se compadeció de él —contestó el experto en la ley.

—Anda entonces y haz tú lo mismo —concluyó Jesús.

Esta parábola nos habla de ser buena persona. Como sabéis, ser una persona religiosa no tiene nada que ver con ser **BUENA PERSONA**. Muchas de las personas que siguen religiones, son envidiosas, criticonas y deshonestas. Eso sucede porque repiten como loros por miedo a que su Dios castigador les envíe una enfermedad o un accidente. Pero no trabajan dentro de su interior los verdaderos principios que enseñaron los grandes profetas.

Estas personas lo que buscan es no estar solas, tener una comunidad de personas en la que apoyarse. No su propio conocimiento y desarrollo personal.

Llegar al conocimiento no les interesa en absoluto.

Sé una buena persona independientemente de lo que pase en tu vida. Sé alguien compasivo. Sé dadivoso y trata al resto de personas como tú querrías que te tratasen a ti.

## PARÁBOLA DE LA OVEJA PERDIDA

iStock.com/ Skyimages

Esta parábola ha sido narrada en varios textos como las escrituras de Mateo o las de Lucas.

(Mt. 18, 10-14)

Se acercaban a Jesús todos los publicanos y pecadores para oírle,y los fariseos y los escribas murmuraban, diciendo: Este a los pecadores recibe, y con ellos come.

Entonces él les refirió esta parábola, diciendo:

¿Qué hombre de vosotros, teniendo cien ovejas, si pierde una de ellas, no deja las noventa y nueve en el desierto, y va tras la que se perdió, hasta encontrarla?

Y cuando la encuentra, la pone sobre sus hombros gozoso; y al llegar a casa, reúne a sus amigos y vecinos, diciéndoles: Gozaos conmigo, porque he encontrado mi oveja que se había perdido. Os digo que así habrá más gozo en el cielo por un pecador que se arrepiente, que por noventa y nueve justos que no necesitan de arrepentimiento.

(Lc. 15, 1-7. RVC)

Todos los cobradores de impuestos y pecadores se acercaban a Jesús para escucharlo.

Los fariseos y los escribas comenzaron a murmurar, y decían: «Éste recibe a los pecadores, y come con ellos.»

Entonces Jesús les contó esta parábola: «¿Quién de ustedes, si tiene cien ovejas y pierde una de ellas, no deja las noventa y nueve en el desierto, y va tras la que se perdió, hasta encontrarla?

Y cuando la encuentra, gozoso la pone sobre sus hombros, y al llegar a su casa reúne a sus amigos y vecinos, y les dice: "¡Alégrense conmigo, porque he encontrado la oveja que se me había perdido!"

Les digo que así también será en el cielo: habrá más gozo por un pecador que se arrepiente, que por noventa y nueve justos que no necesitan arrepentirse».

Esta parábola nos habla de aquellas personas que, tras errar y errar en su camino de la vida, son rescatadas de algún modo por la propia **ENERGÍA UNIVERSAL**.

Nos habla de que no somos nadie, para juzgar la vida de nadie y que debemos estar abiertos a que las personas se **CONECTEN A LA FUENTE**, independientemente de lo que hayan hecho en sus vidas.

Habla de lo humano por encima de todo.

De la alegría que debemos sentir al saber que se une una persona más al fluir universal, que es la única energía capaz de cambiar el mundo.

En muchas ocasiones juzgamos la vida de otras personas. Tratamos de señalar aquello que hicieron contra otros o contra sí mismos, negándoles la posibilidad de conectar con **LA FUENTE.**

Todo ser humano tiene derecho a la energía universal y hemos de recibir con júbilo a todo el que se conecta.

Quien esté libre de pecado que tire la primera piedra.

La enseñanza de esta parábola nos acerca al sentimiento **DE COMPASIÓN.**

## HABLEMOS DE LA COMPASIÓN.

Vamos a detenernos un momento en ella.

La compasión es nuestra tendencia a sentirnos mal por el dolor del otro y querer, de algún modo, aliviarlo.

Es una inclinación a la benevolencia altruista. Un tipo de bondad.

En los últimos años se ha medido y estudiado la compasión y sus beneficios en el cuerpo humano. Uno de los experimentos que han arrojado datos más impactantes son los realizados por Tania Singer en Maastricht y Richard Davidson en Madison. Ellos han llevado a cabo algunos experimentos con los que se ha comprobado que sentir empatía activa enormemente algunas zonas del cerebro relacionadas con el malestar y con las emociones negativas. Eso se debe al hecho de que entramos en contacto con el dolor ajeno de manera vivencial y lo reproducimos en nosotros mismos. Que vemos el sufrimiento del otro y lo padecemos.

Pero, por el contrario, si en esa empatía introducimos la compasión, se activan áreas relacionadas con emociones positivas y el bienestar físico y mental. Eso se debe a que la compasión es una propuesta para la ayuda mutua. Por eso no sufrimos al sentir compasión, pues sabemos que el sentimiento que nos brota ya está aportando algo positivo en sí mismo.

............

El monje budista Matthieu Ricard, autor de *En defensa de la felicidad* (Urano, 2011), llevó a cabo algunos experimentos muy reveladores en cuanto a la empatía y la compasión. En uno de ellos se conectó a un aparato magnético y comenzó a conectar con las penurias que padecían unos niños del norte de Rumanía a los que había visto en el día anterior en un documental. En menos de treinta minutos comenzó a sentir un dolor casi insoportable y a desear dejar de hacer el experimento. Tras acabar realizó el mismo ejercicio, esta vez meditando con compasión y enviándoles amor, siendo que todo cambió y su corazón se ensanchó mediante la propuesta de amor que supone la compasión.

Podríamos decir que la empatía provoca lástima.

Y que enviar amor y empatía al mismo tiempo da como resultado la compasión.

**LA COMPASIÓN ES UNA PROPUESTA DE AMOR VERDADERO.**

El Dalai Lama, en su libro *Compasión y no violencia,* que es una recopilación de preguntas que le han hecho en las conferencias que ha dado alrededor del mundo, dijo algo que me resultó de extrema importancia, respecto de la compasión.

En una ocasión le preguntaron: «¿Es posible o recomendable mostrar compasión hacia alguien que no deja de herirte?».

Y esto es lo que él contestó:

« ¡Sí! ¡Por supuesto! Es de suma importancia! El enemigo o la otra persona que está intentando herirte o que te está hiriendo, aunque la actitud de esa persona sea negativa hacia ti, ante todo es humana. Por eso has de cultivar la compasión hacia esa persona. Eso no significa que tengas que inclinarte delante de tu enemigo. Hay varias razones, suficientes para sentir compasión, y también, en algunos casos, suficientes para enfrentarse al enemigo. Son dos cosas distintas».

Tras escribir este capítulo me asaltó el recuerdo de unas declaraciones a medios de comunicación que di, cuando los policías que me maltrataron, entraron de nuevo a la cárcel.

Recordé con alegría que al ser preguntada sobre lo que sentía al respecto de que hubieran sido detenidos y encerrados nuevamente, dije que sentía compasión.

Y tras rescatar de Internet la noticia sonreí contenta al saber que estoy perfectamente alineada con la energía universal, donde están siempre todas las respuestas.

Os dejo la entrevista con su traducción al castellano:

23/07/2021 09:56h

Ana Rubio

**Rafel Puigròs**, l'agent condemnat per assetjar la regidora **Sonia Vivas**, quan feien feina junts a la Policia Local de Palma, va ingressar a presó dimarts passat. L'Audiència Provincial li havia denegat el mes de maig l'ajornament per entrar al centre penitenciari que havia sol·licitat. Ara, haurà de complir la condemna de **3 anys i cinc mesos de presó**, dictada pel Tribunal Superior de Justícia de Balears (TSJIB) i confirmada pel Suprem, que li varen imposar pels delictes de coaccions, denúncia falsa i fals testimoni. L'altre policia condemnat pel cas Sonia Vivas va ser **Alberto Juan Llaneras.** A ell el condemnaren a 15 mesos de presó per coaccions.

**Sonia Vivas: "Sento compasió"**

En conèixer la notícia, l'actual regidora de Justícia Social, Feminisme i LGTBI de Palma, ha dit que sent "molta compasió. La llibertat és, després de la salut, el més important a la vida. Ell no és lliure, està tancat. L'únic vincle que m'uneix a aquesta persona és la compasió".

«Rafel Puigròs, el agente condenado por acosar a la regidora Sonia Vivas, cuando trabajaban juntos en la Policía Local de Palma, ingresó en la cárcel el martes pasado. La Audiencia Provincial le había denegado el mes de mayo el aplazamiento del ingreso al centro penitenciario que había solicitado. Ahora, tendrá que cumplir la condena de tres años y cinco meses de prisión dictada por el Tribunal Superior de Justicia de Baleares (TSJIB) y confirmada por el Supremo, que le impusieron por delitos de coacciones, denuncia falsa y falso testimonio. El otro policía condenado por el caso Sonia Vivas fue Alberto Juan Llaneras. A él lo condenaron a 15 meses de prisión por coacciones.

**Sonia Vivas: "Siento compasión".**

Al conocer la noticia, la actual regidora de Justicia Social, Feminismo y LGTBI de Palma, ha dicho que siente "mucha compasión. La libertad es, después de la salud, lo más importante de la vida. Él no es libre, está encerrado. El único vínculo que me une a esta persona es la compasión"».

SOY UN SER DIVINO REPLETO DE
SABIDURÍA Y CONOCIMIENTO.

ANDO VIAJANDO Y APRENDIENDO EN EL CAMINO.

LA PERFECCIÓN DIVINA ME ACOMPAÑA
PORQUE ESTOY HECHO DE POLVO DE ESTRELLAS.

ME AMO Y ME RESPETO PORQUE YO SOY IMPORTANTE.

# TÉCNICAS QUE VAMOS A USAR

iStock.com/ Boonyachoat

«Comenzad por el principio

—indicó gravemente el rey

—Y continuad hasta llegar al fin;

entonces parad».

(Lewis Carroll. *Alicia en el país de las maravillas*)

## TÉCNICAS QUE VAMOS A REALIZAR:

- ESPEJO.
- LA PRÁCTICA DE LA GRATITUD.
- LA VISUALIZACIÓN.
- LOS DECRETOS Y TRATAMIENTOS.
- LA RESPIRACIÓN.
- AFIRMACIONES DE ALTO IMPACTO.

## EL ESPEJO

iStock.com/ Wavebreakmedia

> «Si estás en paz, hay al menos un poco de paz en el mundo. Compártela con todos los demás, y todos los demás estarán en paz».
> (Thomas Merton)

El trabajo con el espejo es **INCREÍBLEMENTE POTENTE.**

La mayoría de las personas, como usan un espejo a diario mientras se lavan los dientes o se peinan, no reparan en su enorme potencial y en todos los beneficios que puede aportar a sus vidas.

Eso se debe a que lo usan para **MIRARSE**, no para **VERSE.**

Muchos son los que se miran en el espejo, todas las mañanas, buscando granos nuevos, pelos que brotaron durante la noche o quien sabe, qué más. Pero pocos son los que se **ATREVEN A MIRARSE FIJAMENTE A LOS OJOS Y MANTERNER LA MIRADA POR UN RATO.**

Eso no es tarea fácil. Y mucho menos lo es, aún cuando, durante esa mirada, nos dirigimos a nosotros mismos y nos decimos cosas dolorosas de aceptar. O incluso resulta complicado decirnos a la cara que nos amamos, **MÁS QUE A NADIE.**

Al principio el trabajo con el espejo puede parecer algo demasiado sencillo y fácil. Pero créeme cuando te digo que hacer ejercicios con él, va a desencadenar enormes cambios en tu vida. Si eres valiente y estás implicado, en lugar de comprometido y comienzas a trabajar con él y te atreves a enfrentarte a tu propia imagen, **LO VERÁS RÁPIDAMENTE.**

No todos lo hacen, pues no todo el mundo es capaz de enfrentar sus miedos. Hay demasiadas personas que tratan de esquivar el enorme cambio vital que les espera, si se ponen delante de sí mismas. Muy pocos mantienen la mirada y son capaces de seguir. Hay que ser muy valeroso.

El ego y pensar que somos el centro del universo y que no nos hace falta trabajar nada, hace que demasiada gente camine sin conexión a su esencia. Sin conocerse. Ciega.

El trabajo con el espejo es potente, porque nos muestra claramente los bloqueos que tenemos ante determinadas cuestiones, dejando al descubierto todo aquello que nos hiere y nos hace daño. El espejo nos desnuda por completo y nos confronta con nosotros mismos, sin que haya más salida que abandonar o continuar. **SI ESTÁS IMPLICADO SEGUIRÁS ADELANTE.**

Como te digo, mirarse a los ojos en el espejo, no es tarea fácil. Cuanto menos lo es, decirse a los ojos en el espejo, que te perdonas, que te amas o incluso reconocer allí nuestras propias equivocaciones.

Las resistencias a trabajar con el espejo, se muestran al instante y lo hacen de un modo tremendamente claro y revelador. El miedo se deja ver sin tapujos. Cuando esto pase, debes ir un paso más allá y superarlo, haciendo justamente aquello que temes. El miedo solo se vence, enfrentándolo.

Para realizar los ejercicios, necesitarás un espejo de mano y uno de cuerpo entero. Pues para hacer correctamente algunas actividades, debemos poder vernos completamente y no solo por partes.

Por eso en los ejercicios usaremos ambos.

Ten en cuenta que el espejo de mano debe ser grande. No vale uno de esos pequeñísimos con los que solo puedes verte una porción de rostro. Esos de bolso o de bolsillo, no nos van a servir. Necesitamos uno que sea grande, en el que puedas verte toda la cara, para observar cómo mueves las cejas o la frente, o incluso como frunces el ceño, ante determinados ejercicios que voy a proponerte.

Si es de cuerpo entero, procura que sea accesible y que no esté colgado en un techo o que te corte la visión de ti mismo por encima de la cintura. Lo ideal es que puedas verte de manera completa y puedas incluso realizar ejercicios delante de él, sentado en el suelo.

El ejercicio del espejo te ayudará a crear una relación muy importante:

**LA RELACIÓN CONTIGO MISMO.**

- Esa que poco a poco, durante toda tu vida, fueron cortando.
- Esa que es tan necesaria, para que puedas ser: **QUIEN HAS VENIDO A SER EN REALIDAD.**

Este es un libro sobre **CAMBIO** y para que eso suceda debes **ESTAR**

**DISPUESTO A CAMBIAR.**

**COMPROMETIDO O IMPLICADO. TÚ DECIDES. NADIE MÁS.**

## TRABAJAR CON EL ESPEJO

Trabajar con el espejo es tan sencillo como mirarse a los ojos y decirse a uno mismo todo aquello que necesitas para conectar con el ser divino que uno es.

Cuando haces estos ejercicios, ocurren cosas extraordinarias, pues el poder del amor a uno mismo, tiene la capacidad de cambiar todo nuestro mundo.

Las críticas interiores, encuentran silencio y el amor se abre paso a través de nosotros mismos, colocándonos en sintonía con la vida y con el universo.

**LOS EJERCICIOS CON EL ESPEJO VAN A CAMBIAR TU VIDA PORQUE EN LO SENCILLO, ESTÁ LA POTENCIA UNIVERSAL.**

Para empezar a trabajar con la potencia del espejo, siempre recomiendo que lo hagas con los ejercicios que propongo.

Al principio puede parecer una tontería, el hecho de mirarse en el espejo y dirigirse a uno mismo. Muchas personas se sienten incómodas y en el fondo creen que hacer eso es estúpido.

Pero nadie puede avanzar en su propio crecimiento personal si no es capaz de realizar los ejercicios del espejo que pongo a continuación.

Son una batería de actividades para las que necesitas tener a mano un espejo pequeño que uno grande de cuerpo entero.

Yo recomiendo llevarlos a cabo durante un mínimo de 17 días, para empezar.

Mientras los haces debes tener a mano una libreta para anotar todos aquellos pensamientos que te vienen a la mente. Esos que son claramente boicoteadores y que se interponen entre lo que quieres conseguir y tú. Esos diálogos mentales que no te hacen bien y que te limitan.

Por eso debes permanecer atento a tu voz en off, esa voz que te habla dentro y que conforma tu diálogo interior.

¿Listo?

★ ★ ★

Empezamos:

## DÍA 1

El trabajo con el espejo te ayudará a querer incondicionalmente y a respetar a la persona más importante de tu vida. A ti mismo.

Mírate en el espejo. Puede ser uno pequeño, pero a mí me gusta usar uno grande de cuerpo entero. Hazlo vestido o desnudo, pero yo creo que es más potente si lo haces sin ropa.

Respira profundamente por un rato mientras te miras por completo.

Ahora dite mirándote a los ojos:

Yo (di tu nombre) estoy abriendo mi corazón para amarte de manera completa.

Hazlo durante un rato y repítelo las veces que quieras.

Anota en la libreta los pensamientos o emociones que consideres importantes.

Puedes tocarte, abrazarte o acariciarte. Cualquier cosa que hagas estará bien y cualquier muestra de afecto será importante y significará un gran avance.

(A partir de ahora y hasta el día 17, repetirás la misma operación, cambiando la frase diaria por una nueva).

---

## DÍA 2

Dite mirándote a los ojos: yo (tu nombre) te amo de todo corazón y de manera completa.

---

## DÍA 3

Dite mirándote a los ojos: yo (tu nombre) me merezco todo lo bueno porque soy una persona maravillosa.

No olvides de anotar siempre todas las resistencias que vayan apareciendo.

---

## DÍA 4

Dite mirándote a los ojos: yo (tu nombre) soy merecedor de todo el amor y el respeto. Para eso me amo y me respeto, primero yo.

---

## DÍA 5

Dite mirándote a los ojos: yo (tu nombre) soy una persona valiosa, llena de virtudes.

---

## DIA 6

Dite mirándote a los ojos: yo (tu nombre) estoy dispuesto a dejar atrás todas las heridas del pasado.

---

## DÍA 7

Dite mirándote a los ojos: yo (di tu nombre) estoy en paz conmigo mismo y me perdono por cualquier cosa. Me amo y me respeto.

---

## DÍA 8

Dite mirándote a los ojos: yo (tu nombre) me amo, me apruebo y me respeto tal y como soy. Porque soy único e irrepetible y estoy lleno de dones.

---

## DÍA 9

Dite mirándote a los ojos: yo (tu nombre) voy a cuidar de ti.

---

## DÍA 10.

Dite mirándote a los ojos: yo (tu nombre) merezco que me amen. Voy a dejar entrar el amor en mi vida. En todas sus formas y expresiones.

## DÍA 11

Dite mirándote a los ojos: yo (tu nombre) siento haber vivido de espaldas a ti. Quiero que sepas que te amo y que voy a recompensarte por haber estado tanto tiempo sin atenderte. Te amo. Voy a cuidar de ti.

## DÍA 12

Dite mirándote a los ojos: yo (tu nombre) rompo con el patrón mental que está haciendo que en mi vida no entren las cosas buenas. Me libero y soy mejor.

## DÍA 13

Dite mirándote a los ojos: yo (tu nombre) a medida que cambio mis pensamientos e ideas, mi mundo también cambia para mejor. Me amo.

## DÍA 14

Dite mirándote a los ojos: yo (tu nombre) merezco toda la prosperidad, todo el respeto y todas las bendiciones del universo. Porque yo soy importante.

## DÍA 15

Estoy agradecido con todo lo bueno que hay en mi vida. Cuido mi cuerpo porque es el templo de mi alma.

## DÍA 16

Dite mirándote a los ojos: yo (di tu nombre) estoy agradecido por: (ahora ve enumerando todas las cosas buenas que posees, mientras te miras en el espejo y asientes cada vez que nombras una de ellas) Puedes referirte a atributos físicos como partes de tu cuerpo que te gusten o a rasgos de tu personalidad. Todo lo que quieres, dítelo.

## DÍA 17

Dite mirándote a los ojos: yo (di tu nombre) me amo por encima de todo. Soy un ser especial. No importa el pasado sino el presente y todo lo bueno que está por llegar. Me abro a todas las bendiciones y a que lleguen los milagros a mi vida.

Cuando camines por la calle, mírate en los espejos que te encuentres. Hazlo en escaparates, ascensores y en cualquier superficie que te veas reflejado. Todo momento es bueno para decirte que te amas al verte pasar.

•★•

Hay otra serie de ejercicios que son tan potentes, que no debes hacerlos a solas, a no ser que te sientas muy preparado para ello. Como por ejemplo hablarle a tu madre a través del espejo o hablarle a la persona que te agredió o que te causó algún daño grave.

No hay que menospreciar la fuerza del trabajo con el espejo y por eso es importante que, si quieres profundizar más allá de los diecisiete días, vengas a los retiros o a los eventos donde podremos trabajar juntos esos aspectos en un entorno seguro y saludable.

**SI LLEVAS A CABO UN EJERCICIO MUY POTENTE EN UN ENTORNO NO SEGURO, PUEDES SUFRIR DAÑOS EMOCIONALES INNECESARIOS.**

## LA PRÁCTICA DE LA GRATITUD

iStock.com/ ivosar

La gratitud es dar las gracias. ¡Así de Simple!

Para practicar la gratitud, antes debes conectar con el agradecimiento, que es la capacidad de estar agradecido a la vida.

Por muchas cosas duras que hayas vivido, si echas un vistazo a tu vida, siempre podrás encontrar otras cosas positivas. Céntrate en ellas, es lo importante para poder celebrar este viaje.

La gente pasa demasiado tiempo hablando de lo que no tenemos. De esa manera no apreciamos lo que sí tenemos y dejamos de disfrutarlo.

Niegan todas las bendiciones, centrándose en las carencias que sienten que tienen, respecto a determinadas áreas de nuestra vida.

Se centran en lo que No en lugar en lo que **SÍ**.

Practicar el agradecimiento es un hábito que cambiará tu vida y tu manera de ser y de estar en el mundo. Pues cuando lo ejercitas, abre enormes puertas de bendición y desatas la posibilidad de que toda la abundancia llegue a ti.

Agradece en cualquier momento de tu día. Agradecer abrirá tus sentidos y tu conciencia al máximo. Te dará energía positiva e incluso te mantendrá enfocado en lo que de verdad te importa.

«La gratitud se da cuando la memoria se almacena en el corazón y no en la mente».
(Lionel Hampton)

«El agradecimiento es la memoria del corazón».
(Lao Tse)

Como ves, la gratitud hace que las bendiciones se produzcan en cascada, porque te **ABRE A ESCUCHAR TU LATIDO**. Por eso, el hecho de agradecer, te llevará al amor, a la paz, a la abundancia, al equilibrio, a la felicidad y la plenitud.

## LOS BENEFICIOS DE LA GRATITUD

Los países más felices del mundo lo son porque, entre otras cuestiones, su población tiene la costumbre de ser agradecida y dar las gracias. Estos países se encuentran en el norte de Europa, donde la gratitud es muy practicada.

Existe un informe oficial de los países con las personas más felices del mundo, que establece que los tres puestos que encabezan el ranking de la felicidad son para:

Finlandia, Islandia y Dinamarca.

John Helliwell, profesor de la Universidad de Columbia Británica y uno de los autores del informe, explicó en una entrevista a la CNN, que en esos países existe un mayor sentido de la solidaridad y del compañerismo.

Las personas agradecidas están enfocadas en lo que **TIENEN** y **NO EN AQUELLO QUE NO TIENEN.** Ese hecho, les hace ser más felices y sentirse más plenas, además de tener una mayor alegría y optimismo ante la vida.

La gratitud mejora la salud física y psicológica. Ya que numerosos estudios, como el publicado en 2012 en *Personality and Individual Differences*, exponen que estas personas tienen menos achaques y problemas de salud que el resto.

Robert Emmons, uno de los más importantes estudiosos de la gratitud, junto con su compañero Mc Cullonugh, redactaron el denominado test de la gratitud. Una gran herramienta para aprender a agradecer la vida.

La gratitud mejora la empatía, reduce la depresión y desarrolla el poder mental, conectándote a **LA FUENTE.**

Reconocer todo lo que tienes para estar agradecido, incluso durante los peores momentos, fomenta la resiliencia. Desarrollar una **ACTITUD DE GRATITUD**, es una de las formas más sencillas de mejorar nuestra satisfacción con la vida.

## ESTUDIOS SOBRE LA GRATITUD

En 2003 se realizó un estudio que posteriormente fue publicado en el Diario de Personalidad y Psicología Social. En él, se afirmaba que la gratitud era un importante contribuyente al desarrollo de la resiliencia y a la recuperación de las víctimas de los ataques del 11-S en las Torres Gemelas.

En 2006, se realizó otro estudio sobe la gratitud, que fue publicado en la revista científica *Behavior Research and Therapy*. En él se encontró, que los veteranos de la guerra de Vietnam que habían desarrollado la gratitud, mostraban cuotas más bajas de trastorno de estrés postraumático, respecto a los que no había desarrollado actitudes de gratitud.

La propia Universidad de California (UC Davis Health), declaró también en un estudio, que ser una persona agradecida, reduce el estrés y la depresión. Además de que practicar la gratitud, puede retrasar la neurodegeneración.

El Dr. Martin E.P. Seligman, psicólogo de la Universidad de Pennsylvania, comprobó el impacto de la gratitud en la vida de 411 personas. Mediante un ejercicio que consistía en buscar a las personas a las que nunca se les había agradecido algo que hicieron. Después de localizarlas se les escribía y entregaba, personalmente, una carta de agradecimiento.

Estas 411 personas, de manera inmediata, comenzaron a experimentar puntuaciones altas en felicidad y fuerza vital, que trascendieron más allá del mes que duró la investigación.

Como ves, la gratitud mejora considerablemente tu vida. Por eso vamos a trabajar con ella. Porque mi objetivo con la ***SAGA DEL LATIDO*** es que **LOGRES SER QUIEN HAS VENIDO A SER EN REALIDAD.**

## LA VISUALIZACIÓN

iStock.com/ francescoch

Visualizar, en un modo de trabajar con nuestro cerebro, para lograr los cambios que deseamos en nuestra vida. Visualizamos usando una herramienta mágica y poderosa que todos tenemos: la imaginación.

Puedes, por tanto, ver, a través de la visualización, todo aquello que deseas que suceda en tu vida. Y de ese modo, atraerlo a tu plano físico- material.

O puedes, también, ver una situación que ha sucedido en el plano físico y trabajar con ella visualizando, como querrías que hubiera sido. Eso es útil cuando queremos restarle la emotividad y el dolor que te ha producido la situación que viviste. Es una manera de lo que, en psicología cognitiva se llama: reprocesamiento del trauma.

El cerebro es muy potente y la visualización, tiene una enorme potencia de cambio en tu vida.

Es tan poderosa que a mí me gusta decir que:

**LA VISUALIZACIÓN ES UNA MANERA DE PONER EN MARCHA EL DIALOGO CON DIOS.**

A través de la visualización, somos capaces de crear y de vivir la vida que deseamos vivir en realidad. Y mediante la visualización,podemos hacer que todos los milagros, ocurran en nuestras vidas.

Lo que sucede es que nadie nos enseña a visualizar. Al punto de que hay personas que no son capaces de ver nada, cuando cierran los ojos. Personas totalmente desconectadas de la FUENTE UNIVERSAL, con las que hay que hacer un gran trabajo de ir al cuerpo, para que puedan sentirse.

Si te sucede eso, no te preocupes. Debes seguir insistiendo. Cerrar los ojos y tratar de recrear eso que deseas ver. Irán apareciendo las imágenes. Solo es un bloqueo causado por el miedo.

Practicar la visualización,combinándola con las afirmaciones y con los ejercicios del espejo, será la gran transformación para tu vida. Estoy absolutamente segura de eso. No lo creas solo porque yo te lo digo, **IMPLÍCATE Y COMPRUÉBALO**.

En definitiva, visualizar, es reproducir una imagen mental de aquello que deseas obtener o cambiar.

La imagen que produzcas, puede ser estática o estar en movimiento.

De algún modo es como si pusieras a funcionar, la grabadora de imágenes de tu cerebro.

De manera que te conviertes en el director de cine de tu propia historia y vives todo lo que deseas ver manifestado en tu vida.

Personas como Will Smith, Oprah Winfrei, Denzel Washington, Arnold Schwarzenegger, Lady Gaga o Jim Carrey, han explicado públicamente, que utilizan la visualización en sus vidas. Llegando a afirmar que reciben enormes bendiciones por el hecho de visualizar aquello que desean lograr. Y que muchas cosas de las que disfrutan, las lograron mediante el trabajo de la afirmación.

Con esto quiero que veas que las personas exitosas y que lograron su propósito en la vida, visualizan sin cesar. Porque visualizar es una forma de oración.

El mandato de Pablo en 1 Tesalonicenses 5, 17 decía: Orad sin cesar.

Por lo tanto: **VISUALIZAD SIN CESAR**. Pues es una manera de orar.

## LA HISTORIA DE JIM CARREY

Jim Carrey, dio una entrevista a Oprah en el año 1997. En ella, explicó cómo usó las técnicas de visualización para convertirse en un actor de éxito y salir de la precariedad económica en la que estaba. Fue una entrevista en la que se desnudó y contó sin tapujos de qué manera utilizó el **PODER DE LA INTENCIÓN**, para visualizar y poder atraer todas las bendiciones de las que ahora disfruta.

La entrevista fue tan reveladora, que la misma Oprah dijo que sentía que Carrey, se había convertido en uno de sus maestros.

El actor explicó que en el año 1985 ningún director le daba trabajo y que estaba en la ruina. Pero él visualizaba todos los días aquello que quería manifestar. Y dijo que lo hacía porque así se sentía mejor. Se veía a sí mismo triunfando y obteniendo enormes ingresos. Pero estaba en la peor situación económica de su vida.

Explicó que visualizaba a todas horas y que cuando visualizaba lo que deseaba, lo hacía sintiendo que todo eso que deseaba ver manifestado ya lo tenía.

Jim, en hora de máxima audiencia y frente a millones de norteamericanos que veían el televisor en ese momento, contó como hizo un cheque por valor de diez millones de dólares, en concepto de:

«Por los servicios prestados».

Dándose de plazo para tener ese dinero hasta el día de Acción de Gracias del año 1995. En esa fecha era cuando él quería que el universo le hiciera poder cobrarlo. Explicó que todos los días cogía el cheque y decía: «materialízate, materialízate». Y que justo antes de ese día de Acción de Gracias, del año que se había puesto como máximo de tiempo en cobrarlo, le llego el contrato para rodar, nada más y nada menos que *La Máscara.*

**¿ESTÁS IMPLICADO O COMPROMETIDO?**

**¿TE ATREVES A ESCRIBIR AQUELLO QUE DESEAS CONSEGUIR EN UN PAPEL Y PONERTE UNA FECHA MÁXIMA?**

**¿TIENES FE PARA VISUALIZARLO TODOS LOS DÍAS Y SENTIR QUE YA LO TIENES?**

Visualiza que ya se ha manifestado y disfrútalo en ese momento.

Si una parte de tu visualización y de tu deseo, tiene que ver con el área económica, rellena tu cheque:

0001

FECHA ______ 20 __

PAGAR LA CANTIDAD DE: ______________________ €

______________________ EUROS

______________ ______________

1234567890 12345678 1234

## LOS DECRETOS Y TRATAMIENTOS

iStock.com/ Nando Castoldi

La metafísica Conny Méndez, decía en su *El librito azul: Manual de metafísica en términos sencillos,* que: «cada palabra que se pronuncia, es un decreto que se manifiesta en lo exterior».

Por eso, todo lo que dices, es un decreto que estás formulando para ti. De manera que debes estar muy atento a las palabras con las que te refieres a las cosas y con las que deseas lo que quieres que se manifieste en tu vida. Pues esas palabras, son el reflejo de tu **SISTEMA DE CREENCIAS INTERIOR.**

> «No es lo que entra por su boca lo que contamina al hombre, sino lo que de su boca sale, porque lo que de su boca sale, del corazón procede».
> (Mateo 15, 11)

Es importante que pongas atención a todo lo que decretas en un día. Ya que probablemente uses frases como estas:

- La crisis es gigante.
- El coronavirus nos va a arruinar.
- Me hago viejo.
- Hay ladrones en todas las esquinas.
- Tengo mala memoria.
- Se me olvida todo.
- Es un ser repugnante.

**RECUERDA: CADA PALABRA QUE PRONUNCIAS ES UN DECRETO**

Si decretas contra una persona, **ES CONTRA TI MISMO CONTRA QUIEN ESTAS DECRETANDO, EN REALIDAD.**

**RECUERDA**: criticamos con la vara de medir con la que nos juzgamos a nosotros mismos.

Analiza todos los decretos negativos que dices en un día y estudia con atención los **SISTEMAS DE CREENCIAS** que se están manifestando.

Esa es una manera fácil de ver aquello que temes. Ya que cuando decretas en negativo, estás expresando un miedo manifiesto que albergas en tu interior.

Si aplicas esto durante las reuniones que tengas con otras personas, te será muy útil para ver qué maneras de pensar tienen instaladas ellas. En ocasiones nos es más sencillo ver este mecanismo operar en los demás, que en nosotros mismos.

Haz la prueba y empieza a detectar cómo decretan y cómo decretas.

**¡¡CUIDADO CON LO QUE DECRETAS!!**

.............

Conocí a una mujer que me contó una vez, que cuando era pequeña, un día sintió un gran temor por el hecho de que su madre se pudiera morir un día.

Eso sucede muchas veces cuando los niños tienen conciencia por primera vez de los fenómenos de la vida.

Tanto fue su miedo que le dijo —Ma, yo no quiero que te mueras..

Y la madre riendo le contestó, que ella iba a morirse como todo el mundo.

Ella me contó que aquella conversación se produjo mientras su madre se estaba bañando y que hablaban a través de la cortina de la ducha. Lo que demuestra que tenía vivo y nítido el recuerdo de aquella conversación. Tanto que se le había quedado grabado a fuego cómo fue.

Mi amiga se mostró desesperada por la respuesta de su madre y le contestó, agarrándose a las cortinas al punto de casi descolgarlas y entre gritos:

— Si tú te mueres, me muero contigo yo.

La cosa finalizó con la madre tratando de quitarle hierro a la situación y mi amiga con un terrible disgusto y decretando que se moriría cuando su madre se muriese.

Pasados muchos años, su madre falleció.

Y entonces mi amiga, que tenía cincuenta y seis años en ese momento, cayó en una gran depresión. No comía, no hacía nada más que arrastrarse por la casa como un fantasma y dejó de socializar.

A los pocos meses de estar absolutamente cerrada a la vida, se tocó un bulto en uno de sus pechos. Semanas después fue diagnosticada de un cáncer de mama bastante agresivo.

Ella me contó esa historia al principio de su depresión. Antes de que le detectasen ese cáncer. Tiempo después quedamos y me contó que estaba enferma. Y yo le recordé su decreto.

—No, eso no tiene nada que ver —me dijo, incrédula.

—Es algo de lo que han pasado casi cincuenta años y lo recuerdas como si fuera ayer, le dije. Indudablemente fue algo importante para ti. Rompe el decreto, no pierdes nada. Seguí insistiendo.

La mujer visitó a un médico y comenzó a ocuparse de su enfermedad. Junto con toda la terapia comenzó a hacer afirmaciones y a mostrar gratitud ante la vida. Cuando acabó el proceso visitó la tumba de su madre en Colombia y habló con ella diciéndole que ella quería vivir, y que no quería morirse porque ella hubiera muerto.

Y, en definitiva, hizo todo un proceso de recuperación y rompió lo que había decretado hacía tantos años.

Al final aceptó la vida tal cual es, y aceptó la muerte de su madre como parte de la vida.

El año pasado le dieron el alta completa y vive felizmente en Colombia... su país natal.

**CADA PALABRA QUE SALE DE NUESTRA BOCA ES UN MENSAJE QUE ENVIAMOS AL UNIVERSO.**

## LA RESPIRACIÓN

iStock.com/ Pheelings Media

La respiración es una de las funciones fundamentales del cuerpo humano. Consiste en el vaciado y llenado de los pulmones. Pero en realidad es mucho más que eso, como iremos viendo.

El aparato respiratorio es el encargado del intercambio de gases necesario para nutrir el cuerpo. Y es a través de la respiración, como se lleva oxígeno a todas las células y se desecha el $CO_2$.

Es una de esas funciones esenciales para la vida, como la digestión o el latido del corazón, pero que puede hacerse de forma también consciente. Es decir, que puede ser gobernada porque es semiautomática. Por ello podemos modificar su intensidad, ritmo, cadencia y frecuencia.

La respiración es el aparato excretor del cuerpo. Por donde más toxinas se eliminan de nuestro organismo. Después le sigue: la sudoración, el aparato urinario y por último el excretor. **IMAGINAD SU ENORME IMPORTANCIA.**

**UNA MALA RESPIRACIÓN PRODUCE UN ENVENENAMIENTO DE NUESTRO CUERPO.**

## RESPIRACIÓN Y EMOCIONES

Todas las emociones (miedo, ira, rabia, ansiedad...) afectan a nuestro organismo, al punto de entrar en estados de hiperventilación, cuando las emociones negativas nos acucian.

Para aprender a respirar de manera consciente y mitigar los efectos de la ansiedad y de la hiperventilación, es útil conocer una técnica que se llama «Rebirthing». Debido a su importancia y a las enormes implicaciones que tuvo en mi vida y que tiene a día de hoy, voy a hablaros de ella porque es **ABSOLUTAMENTE SANADORA Y REPARADORA.**

## EL REBIRTHING

Para hacer rebirthing hemos de aprender a realizar una respiración denominada:«**CIRCULAR**».

Ese tipo concreto de respiración, se realiza llevando a cabo una profunda inspiración, seguida de una espiración relajada y sin pausan entre medias. Es decir, no debes interrumpir el ciclo del aire. De este modo favorecemos la oxigenación y reducimos la tensión muscular.

Es muy importante realizarla de manera adecuada para no

marearnos y permitir que se desplieguen sus enormes bondades.

★ ★ ★

**LA RESPIRACIÓN CIRCULAR** se debe realizar de la siguiente manera:

1. Se respira sin pausas entre inspiración y espiración.
2. Se trata de hacer un círculo, con el aire, en el abdomen y que el aire pase más allá del diafragma, hasta llegar al ombligo. Abriendo todo el espacio interno, con el flujo de aire que nos nutre.
3. Hay que dejar fluir la respiración y abandonarse a ella.
4. No se expulsa el aire con violencia.
5. Debes hacerlo o por la nariz o por la boca. Es decir: si inspiras por la nariz, debes echar el aire por la nariz. Lo mismo si decides hacerlo por la boca.
6. Es una técnica que hay que hacer con tiempo. Generalmente más de una hora. No obtendrás los resultados esperados si estás poco tiempo. Pero puedes usar esta respiración para mil cosas en tu día a día. Ya sea para dormirte, relajarte o gestionar la negatividad cuando llega.
7. Se debe dejar el cuerpo muerto y cerrar los ojos.

.............

El rebirthing es una técnica que se popularizó en los años sesenta, de la mano de Leonard Orr, y que significa «renacimiento».

En una sesión de rebirthing, pueden aparecer sensaciones desagradables, especialmente intensas. Ya que es una forma también de reprocesamiento del trauma, que favorece un estado alterado de conciencia.

Es una de las técnicas más interesantes dentro de la denominada «medicina holística», que toma como modelo la respiración de los niños neonatos y la de las personas que están en la fase REM del sueño.

Lo que busca es, mediante la respiración consciente, llegar a revivir el trauma del propio nacimiento o de una situación complicada que no fuimos capaces de superar en el pasado.

El rebirth nos abre las puertas de vivencias bloqueadas en nuestro subconsciente, mediante un estado alterado de consciencia que permite el abandono del propio cuerpo. De ese modo el cerebro se libera y podemos ir atrás.

Muchas de las personas que han llevado a cabo una sesión de rebirthing, dicen haber contactado con momentos prenatales o infantiles. Para mí fue absolutamente revelador. Luego os contaré mi experiencia.

Leonard Orr estudió la importancia de la experiencia del nacimiento y los efectos de los traumas sufridos en la infancia. Traumas que están en la base de muchos de los comportamientos desajustados de algunos adultos. Lo hemos visto en los ejercicios del espejo, donde tanto le cuesta a otras personas trabajar con su **NIÑO INTERIOR HERIDO**.

Él descubrió que sumergiendo a un paciente en una bañera a 37/38 grados y realizando durante una hora la respiración circular, era posible que volviera a revivir el momento de su nacimiento, el cual está fijado en su subconsciente.

Orr aseguraba que en unas pocas sesiones se podían liberar una gran parte de las tensiones que llevamos cargando durante toda la vida.

«La respiración circular puede utilizarse como sustituto de la anestesia durante una sesión de odontología, en las operaciones de fracturas óseas y en otras situaciones dolorosas». Años más tarde en Italia el psicólogo Filippo Falzoni Gallerani, introdujo la técnica en Europa.

★ ★ ★

La **RESPIRACION CIRCULAR** es una aproximación a establecer contacto con el **YO PROFUNDO.**

Es una herramienta preciosa para el conocimiento de uno mismo y la llave para los niveles más hondos de buceo, en nuestro propio ser.

.............

## EL TRAUMA DEL NACIMIENTO

Muchos han sido los que han escrito afirmando que el trauma natal, es la primera causa de nuestra infelicidad. Ya que, si el nacimiento se realiza de manera traumática, genera actitudes negativas hacia la vida en la persona que lo sufre.

Al nacer de forma traumática, empezamos a respirar desde la desesperación y el miedo a morir, lo que nos provoca sufrimiento. Esto sucede porque, generalmente, cortan el cordón umbilical rápidamente, sin permitir que pase un tiempo entre la salida del bebé y su adecuación al nuevo medio en el que debe vivir. De manera que el bebé deja de respirar de repente y en segundos, debe comenzar a usar algo que nunca ha usado: los pulmones.

El corazón también sufre con la brusquedad del nacimiento traumático, ya que la circulación cambia también de manera repentina con esa primera respiración y se cierran, de repente, cavidades en nuestro corazón, para permitir la nueva forma de bombear el líquido vital.

Es decir, que tras ser sacado muchas veces a la fuerza no se da un tiempo de adecuación al bebé y en cuestión de segundos se le deja en apnea y se obliga a su cuerpo a establecer un flujo sanguíneo distinto.

Todo ello es absolutamente innecesario ya que el bebé continúa unido a la madre mediante la placenta y puede darse ese tiempo para que los primeros instantes de vida no sean violentos.

## PROBLEMAS DE LOS PARTOS VIOLENTOS (INNECESARIOS)

El sistema de dominación en el que vivimos tiene siempre prisa, aunque no haya nada ni nadie esperando. Por eso, en la mayoría de los hospitales, no se repara en nada más que en acabar cuanto antes el trabajo.

Debido a esto hay infinidad de niños recién, nacidos que presentan lesiones en los hombros, en la cabeza e incluso una afección denominada: «persistencia del agujero oval».

La persistencia del agujero oval, es un orificio que hay en el corazón que no se cerró como debería después del nacimiento, al cambiar el modo de circular la sangre. Durante el desarrollo del bebé hay una abertura (el agujero oval) en la pared entre las cavidades superiores derecha e izquierda del corazón (aurículas). Eso permite que la circulación no sea pulmonar ya que el bebé respira a través de la madre y no usa los pulmones. Lo normal es que el agujero oval se cierre durante el primer año de vida. Cuando el agujero oval no se cierra, se llama «persistencia del agujero oval».

La persistencia del agujero oval, ocurre en, aproximadamente, el 25 por ciento de la población común, pero la mayoría de las personas con la afección, no se enteran nunca de que la tienen.

Para preparar una sesión de rebrithing cualquier información sobre el nacimiento sirve para elaborar un mapa vital. Se puede, mediante la información que tenemos y el poder de la respiración, llegar al cuadro del nacimiento y cambiar los condicionantes negativos de nuestra primera infancia.

Los traumas bloqueados aparecen tras un rato de respiración circular. Algunos de ellos son:

- Parto por cesárea.
- Partos con anestesia.
- Fórceps.
- Hijos del sexo no deseado.

Todos los nacidos mediante nacimientos traumáticos, pueden experimentar problemas en sus vidas, relacionados al modo en que vinieron al mundo.

> «Incluso en las fotografías, mi hermana Yuki sonríe poco.
> ¿Es posible que en sus ojos creciese el dolor como un arbusto insinuante y silencioso?
> ¿Puede que la desilusión de unos padres fuera capaz de crear tal pena en una niña inconsciente y apenas salida de la oscuridad de un vientre protector y amigo?
> Difícil de contestar.
> El hecho es que Yuki siempre ha sentido una sutil e incomprensible enemistad hacia sí misma. Ha sufrido todas las enfermedades [...]

Ha caminado de puntillas para no molestar, magullada por el peso de su secreta insatisfacción»
(Dacia Maraini, *La nave per Kobe*)

Los nacidos en un parto con anestesia, los nacidos por partos provocados y los nacidos mediante fórceps, pueden experimentar problemas en sus vidas, derivados del nacimiento y el trauma de venir al mundo.

Llegar y que lo primero que te pase sea, que te saquen de dentro de tu madre, te pongan boca abajo y te golpeen las nalgas, no parece la mejor bienvenida.

## PARTO DULCE

Hace ya varias décadas que miramos atrás, a nuestras abuelas, para imitar el modo en el que ellas parían. Pero hoy en día buscamos aunar lo tradicional con el disfrute de todos los avances de la medicina y de la ciencia. Uno de los métodos que más se han popularizados últimamente, es el parto en agua. Parir en el agua atenúa la violencia del nacimiento y proporciona al bebé un ambiente intermedio entre el claustro materno y la vida en el planeta Tierra. El parto dulce permite al bebé salir de líquido amniótico de manera progresiva y comenzar a respirar por sí mismo en lugar que a través del cordón, sin golpes ni apneas.

El ginecologo Michael Odent en el hospital Pitivier en Francia promovió el parto natural controlado y el parto en el agua.

En una entrevista a la BBC, Odent, quien revolucionó la forma de dar a luz e impulsó el parto acuático hace 40 años, dijo:

«Cuando llegué a Pithiviers en 1962, la manera en la que las mujeres daban a luz era igual que en otros sitios: acostadas y con las piernas elevadas apoyadas en estribos o perneras.

Gradualmente fuimos reconsiderando todo. Introdujimos el concepto de salas de parto más hogareñas: una habitación pequeña sin aparatos médicos visibles para que las mujeres se sintieran cómodas. "En esa época, la visión de un hospital era como un lugar al que ibas cuando te enfermabas o cuando ibas a morir.

Al cambiar el entorno atrajimos a más mujeres a nuestra unidad de maternidad. Las mujeres venían de muy lejos.

Fue por eso que me especialicé en obstetricia ¡De atender 200 partos al año pasé a 1.000!.

A las mujeres les ofrecían la oportunidad de meterse en una piscina pues habían notado que estar en el agua reducía no sólo el dolor durante el trabajo de parto y el alumbramiento sino también la necesidad de cirugía.

Hacían el trabajo de parto acompañadas y ayudadas por sus parejas y otras personas queridas, quienes tenían un rol más activo.

Pintamos las paredes del cuarto de alumbramiento acuático de color azul, con delfines, y a muchas mujeres les entusiasmó la idea de meterse en la piscina.

El objetivo principal era romper un círculo vicioso. Reemplazar los medicamentos, pues todos tienen efectos secundarios.

El agua parecía reducir la necesidad de tomar esos medicamentos y como resultado había menos complicaciones.

> En otras partes del mundo desarrollado, las mujeres seguían dando a luz acostadas y con las piernas elevadas, a menudo rodeadas de extraños. Muchas terminaban en la sala de operaciones.
>
> Animaba a las mujeres a dar a luz en la posición que sintieran que les era más natural».

•———•

Ocasionalmente los bebés nacían bajo el agua. Tras estar en el vientre en un fluido cálido durante 9 meses.

Solo hecho de estar cerca del agua, de escuchar su sonido cuando se está llenando la piscina, parecía tener un efecto inmediato en las mujeres parturientas.

> «Me agrada escuchar a las mujeres hablando positivamente del nacimiento de sus bebés.
>
> Tenemos que aprender de esas experiencias positivas; esa es la forma de seguir avanzando».

A Oden lo visitó un médico británico, el doctor Frank Loeffler, quien fue con un equipo de la BBC a hacer un documental a principios de la década de 1980, cuando el hospital de Pithiviers ya era conocido mundialmente por su promoción del parto natural.

Cuando le preguntaron a Loeffler qué pensaba de la piscina, respondió que no creía que tuvieran espacio para algo así en su hospital y agregó:

«Para mí, las ideas del doctor Odent son una maravillosa mezcla de misticismo y ciencia».

Estas palabras molestaron a Odent, porque no hay nada de místico en un parto sin violencia. A lo que él contestó:

«Yo no creo que la palabra "misticismo" sea apropiada», reaccionó Odent. «Insinúa que traté de poner en un lenguaje científico estados emocionales».

Las personas poco evolucionadas necesitan tratar de destruir lo que otro hace para sentirse mejor. Pero todos sabemos, en manos de qué doctor nos pondríamos sin dudarlo. Y a cuál de los dos le confiaríamos el parto de nuestro hijo.

## MAS SOBRE REBIRTH

Una de los grandes motivos por los cuales no logramos ser felices en la vida, es por la desaprobación paterna. La relación con nuestros padres, la llevamos después a todas las relaciones que construimos en la vida, reproduciéndola.

En la reprocesamiento de ese trauma también podemos trabajar con rebirth, mediante la respiración circular. Esto es así porque el rebirting se basa en respiración consciente y la transformación de los pensamientos negativos en positivos. Es decir, que mientras respiramos, estamos afirmando.

El rebirth ayuda a las personas en el camino de su sanación, porque desarrolla el autoconocimiento, el optimismo y la gratitud ante la vida.

Seligman dijo, que la mente humana es capaz de influir en la enfermedad. De manera que contradijo el dogma de la medicina alopática, según la cual, solo los eventos físicos están implicados en los procesos de salud y enfermedad.

Él afirmaba que las personas, optimistas afrontaban valientemente los problemas de la vida y luchaban infatigablemente contra las enfermedades cuando las padecían.

**LAS PERSONAS CON CARÁCTER OPTIMISTA TIENEN UNA MAYOR RESPUESTA INMUNITARIA.**

El mismo Bob Mandel, uno de los padres del renacimiento, realizó una lista de los beneficios del rebirthig, afirmando que se podía aplicar para resolver las siguientes dolencias:

- Migrañas.
- Ansiedad.
- Estrés.
- Fobias.
- Problemas emocionales y conductuales.
- Depresión.
- Ataques de pánico.
- Pérdida del sentido de la vida.

Entre otros, como hemos visto antes: traumas de nacimiento, problemas de relación con los padres y heridas del niño interior.

Para mí, una de las figuras indiscutibles del rebirthing es Sondra Ray, que fue la maestra de Shanti , quien a su vez fue mi maestra y me inició en la práctica del rebirth en la bañera de casa.

Yo tenía por entonces dieciocho años recién cumplidos y compartía piso con Shanti, una francesa afincada en París, pero originaria de Nueva Caledonia.

Shanti era renacedora y hacía renacimiento en casa, a la multitud de personas que venían cada día buscando encontrarse mejor y sanar partes de su alma y de su vida.

La primera vez que hice renacimiento fue con ella. Lo hicimos en la bañera. Ella me enseñó la respiración circular y me introdujo dentro del agua caliente con un tubo para respirar.

Recuerdo estar relajada durante un largo rato, pero sin sentir nada en especial.

Pasado un tiempo todo cambio de repente. Comencé a sentirme muy nerviosa y alterada, de modo que mi respiración se agitó.

Notaba las manos tensas y sentía un agobio tremendo, junto con una enorme sensación de tristeza, miedo y culpa.

Seguí respirando en aquellas emociones y de manera circular como Shanti me iba indicando y de repente me desperté en el suelo del baño, desnuda, mojada y con mi maestra a mi lado sonriendo. Había pasado más de una hora y no me había dado cuenta de ello.

La respiración me había llevado al momento de mi nacimiento, que fue por cesárea. A través de aquella sesión, entendí de dónde venía parte de la culpa que sentía, al haber hecho daño a mi madre. Y gran parte de mi idea primigenia de que en la vida hay que luchar. Pues había llegado aquí de un modo en el que esos pensamientos habían sido los primeros que tuve. Culpa y lucha.

Hubo más sesiones, igual de potentes y poderosas, en las que pude trabajar el amor maternal y mi manera de ver el mundo al haber llegado del modo más brusco posible:

Con mi madre abierta en canal y un médico golpeándome las nalgas mientras me ponía boca abajo.

«Es una experiencia que produce en el subconsciente la transfor-

mación, de dolorosa a placentera, de la primitiva impresión ligada al nacimiento. Se aprende a llenar cotidianamente el propio cuerpo con la energía divina».
(Sondra Ray)

## LAS AFIRMACIONES DE ALTO IMPACTO

A los que sois estudiantes de la ***SAGA DEL LATIDO***, no hará falta que os explique lo que son las afirmaciones. Ni tampoco como llevarlas a cabo, pues ya estáis familiarizados con ellas.

Pero aun así voy a recordaros la necesidad de afirmar y de cómo hacerlo de manera correcta. También para que aquellos que se incorporan a la lectura de la ***SAGA DEL LATIDO*** puedan avanzar de manera efectiva a lo largo de los capítulos.

Sabéis que, para mí, las afirmaciones son un modo de orar.

Son formas de decirle al universo, lo que deseamos que manifieste en nuestra vida. Y hemos de hacerlo sintiendo que ya lo estamos disfrutando.

•★•

NO DEBEMOS PEDIR ASÍ:
«Yo voy a lograr un trabajo mejor que el que tengo».

DEBEMOS PEDIR ASÍ:
«Yo obtengo un trabajo que me hace feliz y me llena completamente».

(Y cerrando los ojos recreamos la sensación de tenerlo ya y disfrutarlo).

**SE HACE DE ESTE MODO, PORQUE DEBEMOS AFIRMAR DESDE LA EMOCIÓN DE TENERLO YA MANIFESTADO EN NUESTRA VIDA.**

Si lo hacemos desde la carencia, la súplica o el dolor... no sirve más que para generar más de toda esa negatividad que estás enviando al universo. Es decir: más carencia y más dolor.

Por ese motivo las afirmaciones no pueden contener partículas negativas. Y ahí reside una de las dificultades para llevarlas a cabo.

•★•

NO DEBEMOS PEDIR ASÍ:
«Yo no voy a estar enfadada constantemente».

DEBEMOS PEDIR ASÍ:
«Yo disfruto la vida dejando de fluya y aceptándola»

Pero hay algo importante que debes saber. Y es que solo afirmando no vamos a conseguirlo **TODO**.

Hemos de trabajar en esa dirección, enfocándonos en lo que queremos.

Una persona que está todo el día en el sofá y afirma que es la campeona olímpica de una disciplina, es complicado que acabe manifestando eso. Ya que por mucho que lo repitas, si no haces nada para conseguirlo, nunca pasará.

Las afirmaciones son la puesta en marcha de un motor, que pondrá **VELOCIDAD DE CRUCERO** y te llevará a **NAVEGAR HACIA SUS SUEÑOS**.

Por eso es muy importante tomar **ACCIÓN ENFOCADA** tras las afirmaciones. Pues la **ACCIÓN ENFOCADA** es justamente eso: **HACER TODO LO NECESARIO PARA LOGRAR ESO QUE DESEAS.**

Un ejemplo de **ACCIÓN ENFOCADA**, en el ejemplo anterior de la persona que afirma ser un campeón olímpico, es entrenar disciplinadamente y a diario.

La **ACCIÓN ENFOCADA** es propia de una persona que tiene claro que es ella quien gobierna el timón de su barco.

## VEAMOS ALGUNOS ESTUDIOS SOBRE EL PODER DE LAS AFIRMACIONES.

Existen muchísimos estudios que muestran los efectos de las afirmaciones, no solo en su mundo emocional, sino también en lo que respecta a su salud física.

Autores como Critcher & Dunning (2015), explican que: «las autoafirmaciones positivas disminuyen el estrés que deteriora la salud, y amplían las perspectivas de la persona, reduciendo el efecto de las emociones negativas».

Y otros como Sherman o Nagendra, aseveran que: «las afirmaciones también facilitan ver los aspectos positivos ante circunstancias adversas, así como que proveen a la persona de una mayor capacidad de adaptación, mejorando la salud y la calidad del sueño».

Por su parte, Napper, Harris y Epton, asocian los beneficios de las afirmaciones a la reducción de hábitos perjudiciales como el tabaco, el alcohol u otras drogas tóxicas.

### LA TEORÍA DE LA AUTOAFIRMACIÓN DE STEELE

Esta teoría promovió muchos estudios experimentales, que se basaban en la idea de que podemos mantener nuestra integridad y nuestro amor propio, realizando afirmaciones positivas.

Ya el sociólogo Merton habló en estos términos cuando dictó su **PROFECÍA AUTOCUMPLIDA**, postulando que: «cuando definimos una situación como real, esa situación tiene efectos reales».

Con los avances técnicos se han desarrollado nuevos estudios sobre los efectos beneficiosos de las afirmaciones. La neurociencia y la neuroimagen, como la resonancia magnética, han desarrollado estudios sobre los procesos neuronales. Y han podido demostrar que cuando hacemos afirmaciones se genera una mayor actividad en las regiones de recompensa del cerebro. Estas regiones, al obtener más irrigación y estímulo (cuerpo estriado ventral (EV) y la corteza prefrontal medial ventral (CPMV), ayudan a la persona a enfocarse y a aumentar su autoestima, conduciéndoles al logro de sus propósitos.

> «Cuando una persona experimenta una evaluación negativa de sí misma, puede iniciar un proceso de autoafirmación, activando creencias positivas en otro ámbito. Haciendo esto lo que logra es una evaluación global positiva de sí misma. Mediante este mecanismo de autoafirmación se neutraliza la información potencialmente amenazante de un modo indirecto, rememorando un valor personal no relacionado con la tarea o buscando el éxito en un ámbito no relacionado» (Steele. 1988)

## AFIRMACIONES DE ALTO IMPACTO

He denominado **AFIRMACIONES DE ALTO IMPACTO** a aquellas que combinan las afirmaciones con otras técnicas, obteniendo una **ACCIÓN ENFOCADA** muy poderosa, capaz de manifestar, de manera rápida, aquello que anhelamos con el corazón.

He desarrollado tres técnicas de **AFIRMACIONES DE ALTO IMPACTO:**

- **LA PRIMERA**, es la repetición mental, de la afirmación que hemos redactado, como si de un mantra se tratase y usando la respiración circular.

  De ese modo repetimos la afirmación constantemente, impidiendo que los mensajes mentales negativos o contrarios a lo que deseamos manifestar, puedan bloquear el proceso. Usamos a la vez, la fuerza de la respiración circular para relajarnos y entrar en un estado elevado de conciencia. Este estado alterado permite que todo aquello que deseamos obtener, se centralice, **CON ACCIÓN ENFOCADA, OBTENIENDO ALTO IMPACTO.**

- **LA SEGUNDA** manera, consiste en afirmar con los ojos cerrados, respirando circularmente y visualizando que ya tenemos eso que deseamos. Esta forma es más avanzada y precisa de más práctica. En nuestra mente, en lugar de repetir a modo de mantra, hemos de hacerlo despacio acompañando nuestra visión de la manifestación, con las palabras con las que vamos afirmando.

  Como si de una película se tratase. Como si nos contásemos una historia y la fuéramos viviendo dentro de nuestra mente y sintiéndola dentro de nuestro corazón.

  Es decir:

  Si deseamos salud y bienestar podemos decir:

  «Yo soy fuente de toda salud y bienestar».

  Y mientras lo decimos, dentro de nuestra mente, vamos respirando de manera circular. Al tiempo que generamos la visión de que estamos sonriendo y abriendo los brazos frente al mar, o cualquier imagen que signifique salud y bienestar para ti.

- **LA TERCERA** es la técnica de las bolitas de papel.

Hemos de hacer lo siguiente:

- Cogemos una hoja en blanco y escribimos nuestra afirmación.
- Después hacemos cien bolitas de papel con ese folio en el que hemos afirmado.
- Las ponemos todas en un vaso o en un recipiente.
- Luego nos sentamos tranquilamente y respirando de manera circular, cogemos una por una cada bolita, decimos nuestra afirmación para dentro de nosotros mismos, para no interrumpir el flujo de aire y el ritmo de la respiración y las vamos tirando una a una. Así hasta haber tirado todas las bolitas.

Este método puede ser sustituido por un collar tibetano o un rosario y realizar una afirmación con cada cuenta. La mayoría de ellos tiene más de cien.

# CONOCIMIENTOS Y PRÁCTICAS QUE APOYARÁN TU CAMBIO

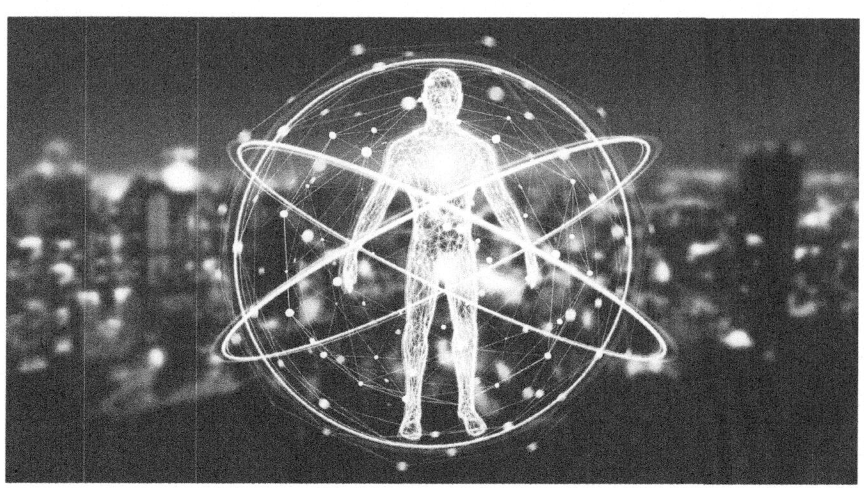

iStock.com/ sdecoret

«La vida comienza,

donde termina el miedo».

(Osho)

Ahora vamos a adquirir algunos conocimientos que nos ayudarán en el proceso.

Esos conocimientos son:

- La práctica de la meditación.
- Conocer tu campo energético y espiritual.
- Vivir el hoponopono.

## PRACTICA LA MEDITACIÓN

«Se le preguntó a Buda,
¿Qué has ganado con la meditación?
—Nada, —contestó él.
—Sin embargo, he perdido la ira,
la ansiedad, la depresión, la inseguridad
y el miedo a la vejez y a la muerte».

Mientras estás meditando, abandonas tu cuerpo durante un rato. De modo que en muchas culturas se entiende que la meditación, es una manera de morir. Tanto que hay personas que han, incluso, levitado al desprenderse de su cuerpo físico.

**SOMOS ENVOLTORIOS DE CARNE, PIEL Y HUESOS. NO SOMOS CUERPO, SINO PARTES DE UN TODO UNIVERSAL.**

Neale Donald Walsch, en su obra, *Comunión con Dios,* dice:

> «¿Cuál de los copos de nieve es más magnífico? ¿Es posible que todos sean magníficos y que estén haciendo una asombrosa exhibición para celebrar juntos su magnificencia? Se funden unos con otros y dentro de la Unidad. Pero nunca se van. Nunca desaparecen. Nunca dejan de ser. Simplemente cambian de forma. Y no solo una vez, sino varias veces: pasan del estado sólido al líquido, del líquido al gaseoso, de lo visible a lo invisible, para surgir otra vez, y de nuevo otra vez retornar en nuevas exhibiciones de pasmosa belleza y maravilla. Esto es la vida nutriendo la vida.

Eso eres tú.

La metáfora es completa.

La metáfora es real.

Experimentarás esto como real simplemente cuando decidas que es verdad y actúes en consecuencia. Contempla la belleza y la maravilla de todos los seres cuyas vidas tocas. Porque todos sois maravillosos de verdad, pero no uno más maravilloso que otro. Y todos vosotros os fundiréis un día en la Unidad, y entonces sabréis que juntos formáis una única corriente».

## LOS SERES HUMANOS SOMOS: ESPÍRITU, CUERPO Y ALMA.

El Espíritu es la Mente Consciente. Por medio de nuestro Espíritu, procedemos a la acción y hacemos aquello que creemos que debemos hacer. Ese espíritu, contiene la voluntad.

El Alma es la Mente Inconsciente. Es ese lugar en el que almacenamos nuestra esencia y la verdad suprema de lo que somos. El alma es lo que nos trasciende y aquello que se transforma cuando morimos. La energía universal que late dentro de nosotros, es el Alma.

Y el cuerpo es la materialización física que necesitamos para vivir y desarrollarnos en este plano en el que estamos.

Mediante la práctica de la meditación, somos capaces de alejarnos de nuestro cuerpo terreno y acceder a estados de conciencia, que nos conectan con nuestra esencia, nuestro espíritu y el propósito de nuestra Alma.

La meditación es una forma también de oración, que nos sirve para alejarnos de las presiones de la vida terrenal y de las ataduras que nos aferran a lo material.

Existen muchas maneras de meditar, pero básicamente consisten en enfocar la mente en un pensamiento único. Ese pensamiento puede ser: una palabra, una emoción, un sonido o la repetición de un mantra o de una canción.

Cuando logras concentrarte en eso concretamente, entonces estás meditando.

Según la ciencia, la meditación aporta múltiples beneficios a quienes la practican, entre los cuales destacan:

- Aumenta la capacidad de memoria.
- Aumenta la capacidad de aprendizaje.
- Aumenta la capacidad de concentración.
- Reduce el estrés.
- Reduce el riesgo de padecer depresión.
- Mejora la atención.
- Reduce los procesos inflamatorios del organismo.
- Reduce la intensidad del dolor.
- Mejora el sistema cardiovascular.

En la película *KungFu Panda,* Oogway, el maestro tortuga de Po, al verlo doblegado al miedo y a la inseguridad por el resultado del combate le dice:

**«ESTÁS PREOCUPADO POR LO QUE FUE Y LO QUE VA A SER. EL AYER ES HISTORIA, EL MAÑANA ES UN MISTERIO, PERO EL HOY ES UN OBSEQUIO. POR ESO SE LLAMA PRESENTE».**

## ESTUDIOS DEL IMPACTO DE LA MEDITACIÓN EN LA SALUD

Un equipo de neurólogos del sanitario Waisman, de la Universidad de Wisconsin, en los Estados Unidos, hizo una colaboración con el Monasterio Scheche, de Katmandú, en Nepal.

El objetivo de la investigación era estudiar los cerebros de un grupo de jóvenes budistas, que eran monjes y discípulos de las escuelas de meditación Nyingmapa y Kagyupa.

El estudio era comparado y usaba a su vez a estudiantes universitarios estadounidenses, para medir los resultados.

Tras un estudio exhaustivo de los encefalogramas de todos los participantes en la investigación, se pudo saber que el número de conexiones neuronales de los monjes era notablemente superior al de los universitarios estadounidenses. Es decir, que el cerebro de los chicos budistas, era más activo y tenía un mayor número de enlaces neuronales funcionando. Por lo tanto, sus cerebros estaban más desarrollado y tenían mayor capacidad de procesamiento y de desarrollo de nuevas actividades.

**OTRO ESTUDIO**, elaborado en esta ocasión por el Hospital General de Massachussets en colaboración con la Universidad de Yale, midió distintos aspectos del cerebro de un grupo de personas que practicaban mindfulness. (El mindfulness es un tipo de meditación, basada en la atención plena).

En el estudio, recogieron muestras durante ocho semanas de aquellas personas que meditaban durante treinta minutos diarios. Luego compararon esas muestras con las de personas que no meditaban.

Los resultados fueron **INCREÍBLES** ya que la densidad de la materia gris y el grosor del hipocampo, resultaron ser superiores en aquellos individuos que practicaban la meditación.

Por lo que, estas áreas, al estar más activas y más desarrolladas favorecen el aprendizaje, la concentración, la empatía y la memoria.

Además, vieron reducciones notables de la amígdala en aquellas personas que sí meditaban. Siendo esta área la que está relacionada con el estrés, la ansiedad y el mecanismo del miedo.

El mismo *New York Times*, en el año 2007 se hizo eco de un estudio que aseguraba que la meditación mejoraba la concentración y ayudaba a superar los golpes duros de la vida.

En la misma línea saltó a los medios de comunicación otro estudio publicado en 2008 en la revista *Plos One*. En él, se aportaban datos de una investigación que asociaba la práctica de la meditación a la capacidad de quienes la realizaban, de poder captar sonidos de gente que sufría, que otras personas que no practicaban la meditación, no eran capaces de percibir.

Aseveraba que la meditación hacía aflorar sentimientos de compasión con más intensidad en las personas que la practicaban.

**OTRO ESTUDIO**, reciente elaborado en el año 2009, registró mejoras más que significativas en pacientes con patologías coronarias y las asoció a la práctica diaria de la meditación.

Además, un importante estudio en el que participaron científicos de España, Francia y Estados Unidos, mostró cómo la meditación paralizaba los procesos relacionados con la inflación y el dolor. Lo cual tiene incidencia en un menor riesgo de padecer algún tipo de cáncer y en la formación de ateromas arteriales.

## CONOCE TU CAMPO ENERGÉTICO Y LOS CHAKRAS

Somos energía y materia.

El ser humano es un ser energético.

Cuando entiendas que tu cuerpo está formado por energía y que cada una de tus células y moléculas, está en conexión con el exterior por medio de energía, entonces entenderás que tienes el **PODER TOTAL SOBRE TU VIDA.**

Tal que incluso, puedes **ENFERMAR**, **SANAR** y crear todo tipo de vivencias y situaciones en tu plano material.

El universo está unido, formando un **TODO CONECTADO**, tal y como dice la teoría cuántica, de las cuerdas.

Esta teoría, que se popularizó a través de la serie de televisión *The Big Bang Theory*, donde en un capítulo, Sheldon discute con un nuevo alumno sobre la forma de entender dicha teoría. Entonces nos explica que **TODO** el universo, está formado por hebras de energía, similares a pequeñas cuerdas.

De manera que cada partícula, nace de la vibración de una de estas cuerdas. Y todo vibra a la vez y está conectado a través de esa energía.

Esta teoría unifica las dos grandes teorías físicas del siglo XX, la teoría de la relatividad de Einstein y la de la mecánica cuántica.

> «En esencia la teoría de las cuerdas describe el espacio y el tiempo, la materia y la energía, la gravedad y la luz, de hecho, toda la creación de Dios... como la música».
> Roy H. Williams

El campo energético de cada ser humano, es un reflejo de su estado mental, emocional y físico. De tal forma que, a través de la energía, podemos observar bloqueos o flujos constantes de energía.

Sabemos que el universo está formado por la vibración de **TODO** lo que existe, incluidos nosotros.

Los campos energéticos, son los modos que tiene el ser humano de interactuar con el universo a nivel energético. Estos campos han sido nombrados en todas las culturas, siendo el nombre más popular con el que se les conoce el de **AURA O HALO LUMINOSO**.

Cuando un plano vibratorio desciende, debido a un bloqueo y empieza a vibrar a baja frecuencia, este bloqueo puede dar lugar a una enfermedad en el plano físico.

**LA ENFERMEDAD ESTÁ RELACIONADA CON LAS EMOCIONES.**

Por eso es importante que cuides las **ENERGÍAS DE LAS QUE TE RODEAS Y AQUELLO QUE PIENSAS.**

Cuando pensamos en alguna cosa, concentramos nuestra energía y emitimos una vibración. En términos cuánticos esto se llama: **EFECTO OBSERVADOR.** De modo que: mente, materia y emoción, van unidas y tienen la capacidad de modificar el mundo físico a través de la emoción que son capaces de provocar.

**PIENSA ENTONCES COMO CAMBIARÍA TU VIDA SI COMENZARAS A DIRIGIR TU ATENCIÓN HACIA LO QUE DESEAS LOGAR...**

## LA ENERGÍA NOS RECORRE

La energía nos recorre y se concentra en determinados puntos energéticos del cuerpo. Estos puntos se llaman Chakras.

Estos chakras son lugares energéticos de nuestro cuerpo, que tienen la cualidad de poder regular el flujo de energía. De este modo se puede bloquear el campo energético y ayudar a la sanación y la recuperación física y mental de la persona.

Los hindúes, alrededor de los chakras, han desarrollado también una metodología basada en el color. De ese modo pueden realizar esos desbloqueos y ayudar a la correcta canalización de la energía vital a través de nuestro cuerpo.

A continuación, vamos a hablar de ellos, de los chakras:

### Primer chakra

Su ubicación es en la zona del perineo. Entre el ano y los genitales.

Representa la energía física y las ganas de vivir. El instinto de superación y de supervivencia. La lucha, la fuerza, la potencia y la estabilidad en la vida.

Por su ubicación nos conecta a la madre tierra y nos hace ser y tener raíces.

El color de este chakra es el rojo.

## Segundo chakra

Su ubicación está bajo el ombligo.

Es el que representa las emociones. Los cambios y la adaptación a lo nuevo, residen en él.

También la sexualidad y la protección.

En esta base energética, es donde se guarda la empatía, la sociabilidad y el lado creativo.

Este es el lugar de nuestro cuerpo, que precisa sentir la aceptación y el amor incondicional por uno mismo.

Su color es el naranja.

## Tercer chakra

Su ubicación está en la boca del estómago. En este chakra reside la mente personal. Es el lugar en el que la persona necesita entender lo que está viviendo. En él residen el ego, el **YO SOY**, el poder personal, la energía y la voluntad. Es el lugar donde suceden las transformaciones personales de gran envergadura y donde gestionamos las emociones.

Su color es el amarillo.

## Cuarto chakra

Se ubica en el corazón. Y en él reside el amor incondicional, el poder de la sanación, la compasión, el amor al prójimo y a uno mismo.

Es el centro afectivo.

Su color es el verde.

## Quinto chakra

Se encuentra localizado en la garganta.

Es el lugar en el que reside la comunicación, la creación y la creatividad y los sonidos.

En él se desarrolla la telepatía y la capacidad de la honestidad y de decir siempre la verdad.

Su color es el azul cielo.

## Sexto chakra

Está en mitad de la frente y sobre la altura de los ojos.

Es el centro de la clarividencia, del saber y de la percepción. En él residen la vista, para ver aquí, en lo material y más allá de lo material.

Su color es el azul.

Por ese motivo la ***SAGA DEL LATIDO*** es de color azul... para que puedas ver más allá de sus letras.

## Séptimo chakra

Está en la parte alta de la cabeza.

Es el centro del entendimiento y de la conciencia. El lugar que se conecta con la mente universal y con el cosmos.

Su color es el violeta.

**CONOCER TU CAMPO ENERGÉTICO TE AYUDARÁ A ENTENDER LO QUE ESTÁ MAS ALLÁ DE LO TANGIBLE Y A COMPRENDER QUE SOMOS ANTENAS CATALIZADORAS DE ENERGÍA UNIVERSAL.**

**DE MODO QUE BUSCAMOS ESA ENERGÍA PARA NUTRIR NUESTRO ESPÍRITU Y AVANZAR POR EL SENDERO DE LA VIDA, PERO TAMBIÉN PARA NUTRIR NUESTRO CUERPO FÍSICO.**

## VIVE EL HOPONOPONO

Hoponopono es un regalo hawaiano que llega hasta nuestros días, en forma de oración. Un hermoso presente ancestral, que sirve para ayudarnos en la tarea de sanarnos y de sanar también el mundo.

Es una oración, cuyo significado es algo así como:«una higiene mental o la reparación de un error». Se usaba para restaurar las malas relaciones y los conflictos de la tribu, e incluso para superar enfermedades.

Mediante su práctica, se pone en marcha el lenguaje espiritual, que lo que busca, es restaurar el equilibrio del amor universal, en nuestra vida.

En Hawái se practicaba hoponopono de manera comunitaria, para restaurar la relación de dos partes en conflicto y sanar los problemas familiares. Pero durante la década de los sesenta se adaptó también al trabajo espiritual individual, dentro de las sociedades modernas.

Mary Pukui, quien más estudios ha desarrollado sobre la cultura hawaiana, describió los primeros pasos del Hoponopono en la cultura polinesia como:

«Una tradición familiar consistente en que los miembros de la familia se reunían con otros miembros lejanos de la misma familia y reconducían los problemas enquistados entre ellos, logrando perdonar y comprender al otro».

El hoponopono es una filosofía de vida, que pretende que seamos conscientes del dolor que causamos a otras personas con nuestros actos. Es, por lo tanto, un método de reparación basado en el perdón. Sirve para dejar atrás el apego que une a una víctima, con su agresor y al agresor, con su víctima.

En el libro de Sondra Ray, *Kahuna Y Ho'Oponopono: Secretos de los maestros hawaianos y de la vida*, ella habla sobre las cuerdas invisibles.

Según la tradición Kahuna, tanto la persona que agrede como la persona agredida, están vinculados entre sí, mediante el acto de ofensa y «la cadena de consecuencias», de las acciones del agresor. Unas acciones que provocan dolor en la persona ofendida. De ese modo, se mantienen unidos por una cuerda invisible.

Si la víctima se aferra a esa cuerda, mantendrá vivo el vínculo que le une a su agresor. De manera que agresor y víctima, aunque pase el tiempo, no se sueltan y siguen afectándose.

Esta conexión, seguirá actuando en sus vidas de forma negativa, hasta que ambos se liberen de esa cuerda que les ata. Y eso, solo se logra mediante el perdón.

A la cuerda que une a esas dos personas los kahuna le llaman *hala*. Que significa falta, agresión o error.

El Hala puede ser una acción violenta u ofensiva, tanto grande como pequeña. Todo Hala puede arrastrar consigo a las del entorno de la víctima y el agresor enmarañándolas en una especie de tela de araña.

El Hala solo puede darse mediante el perdón. Al perdón le llaman Kala, que significa que, al perdonar, también eres perdonado.

La persona que lo logra de alguna manera está diciendo:

«Rompo la cuerda y te desvinculo de lo sucedido y así yo también puedo desvincularme y soltarme de ella».

Pero no se trata de perdona y olvidar como nos han enseñado en occidente, **NO**. La toma de conciencia del proceso es muy importante, por lo que olvidar no es una de sus partes. La conciencia de soltar lo sucedido,sin pretender olvidar, es muy importante.

A la mayoría de nosotros nos han enseñado a perdonar y olvidar sin hacer ni un solo proceso. De manera que ni perdonamos de corazón, ni tampoco, por supuesto, olvidamos absolutamente nada de lo que ha pasado. Ya que los recuerdos quedan en nuestra memoria siempre. Esto además implica que cuando vuelve a haber otro conflicto, nos damos cuenta de que tenemos ahí el recuerdo del anterior. Por lo que se nos han acumulado las ofensas.

De pequeños nos obligaban a darnos la mano, tras la pelea. Nos lo obligaban a hacer a la fuerza, aunque tuviéramos aun sangre en la cara o en las rodillas.

Nadie nos preguntaba nada, simplemente nos obligaban a darnos la mano y a hacer como si nada.

De manera que al hecho de no saber perdonar y echarnos las cosas a la espalda le hemos llamado: **OLVIDO Y PERDÓN**.

Esa es la razón por la que todo, luego todo vuelve a nuestras vidas y enfermamos muchas veces. Porque de alguna manera luchamos por soltarnos de la cuerda, apretándola más y más fuerte contra nuestros dedos, sin darnos cuenta de que nos estamos agarrando y agarrando cada vez más.

Es importante saber que cuando perdonas, también eres perdonado.

## HOPONOPONO COLECTIVO

En los casos de hoponopono realizado con la víctima y el agresor, las actitudes necesarias para que pueda darse son:

- Verdadera intención de corregir el daño.
- Soltarlo todo y no quedarse nada.
- Conciencia plena de que la violencia no resolverá nada.
- Creencia arraigada de que los problemas pueden tener una solución definitiva.
- Madurez emocional y afectiva.
- Deseo de restaurar un daño.

«La persona que viene a pedir perdón debe mostrarse humilde a lo largo de todo el proceso. Pedir perdón con engaño es mentir al Yo Superior y al mismo Dios. Ofender a uno es ofender a todos. Hacer la paz con uno, es hacer la paz con todos».
(Pukui, Hertig y Lee, 1972)

"Los que quieren participar en el Ohana asumen del deber de recuperar el equilibrio y la armonía mediante el auto escrutinio, la admisión de los errores, pedir perdón a las víctimas y realizar la restitución. En el hoponopono cada participante busca en su corazón los sentimientos duros- ira, resentimiento, temor...-que alberga contra el otro. Ante Dios y con su ayuda, se perdonan y son perdonados. Así es como retiran cada ofensa, agravio o resentimiento que haya entre ellos".
(Shook 1986)

## CÓMO PODEMOS PRACTICAR HOPONOPONO

El hoponopono se practica mediante una oración larga, que incluye una respiración circular, a través de la cual podremos:

- Resolver conflictos.
- Sanar espiritualmente a través del perdón.
- Reconciliarnos con la vida y con nosotros mismos.
- Restaurar relaciones.

Se suele usar la repetición de una frase, como si de un mantra se tratase, para evitar los pensamientos negativos y poder centrar nuestra mente en lo que estamos llevando a cabo.

La más conocida y usada del hoponopono es:

«Lo siento. Perdóname. Gracias. Te amo».

## SIGNIFICADO:

- Lo siento: se asume la responsabilidad de lo que desea solucionar.
- Perdóname: se pretende que la otra persona nos perdone.
- Gracias: se agradece así, que la persona nos deje manifestar nuestros sentimientos.
- Te amo: se muestra que el amor es la manera más pura para solucionar cualquier cosa.

Las palabras tienen una carga emocional muy fuerte y están asociadas al subconsciente colectivo. Por ese motivo cuando las expresas, empiezas a vibrar en un significado que es **UNIVERSAL.**

> «Y el verbo se hizo carne,
> y habitó entre nosotros,
> [...] lleno de gracia y verdad».
> (Juan 1,14)

**USAR LAS PALABRAS CORRECTAS HACE QUE TÚ VIBRES EN LO CORRECTO.**

No ser capaces de perdonar, o no perdonar, nos vincula a la persona que nos dañó y no nos permite avanzar en la vida.

Nos niega la plenitud y nos arrastra al dolor de aquello que sucedió, una y otra vez.

No perdonar es un acto que cometemos contra nosotros mismos y no contra la persona a la que le guardamos rencor, a la que no somos capaces de perdonar.

Perdonar es algo que debemos hacer para nosotros. Para nuestro propio bienestar.

.............

Nelson Mandela dijo una vez que el resentimiento era como beber veneno y esperar que nuestros enemigos se muriesen.

El resentimiento, el odio y la ira, sólo generan dolor dentro de nosotros mismos. La venganza es algo que daña terriblemente a quien la vivencia.

Por eso el hoponopono pide a la luz divina, que equilibre nuestra energía y deje que todo fluya. Para soltar, para perdonar, para perdonarnos y poder soltar la cuerda que nos ata.

La cuerda que nos daña sin compasión.

## CADA UNO DE NOSOTROS ESTA CONECTADO A TODA LA CREACIÓN

La oración Huna de Max Freedom Long, es una forma en si misma de hoponopono:

Si yo he herido a alguien hoy
Con pensamientos, palabras u obras
O si le fallé a otro en su necesidad
Yo ahora me arrepiento
Si yo puedo retomar estos pasos otra vez
Mañana yo haré las reparaciones
Y sanaré con amor esas heridas
Yo hago este compromiso
Y si una herida me ha golpeado profundo
Y ninguna reparación es hecha
Yo pido a la luz balancear todo
Yo cuento la deuda como pagada.
Espíritus Parentales a quienes yo amo
Y quienes yo sé que me aman
Lleguen a través de la puerta que yo abro
Hagan claro mi camino a vosotros.

Con esta oración hoponopono, sanas la parte de ti que está dañada y herida y mejoras tu vida. Sanas al mundo entero porque tomas conciencia del dolor también del otro.

Perdonas, pues, de corazón, entendiendo que **TODOS SOMOS TODO, CON EL TODO.**

Carl Jung decía, que el subconsciente es colectivo y todo lo que hacemos, afecta a la humanidad de manera completa. Las conciencias de todas las personas que habitan en el mundo, son conciencias entrelazadas dentro de una red que todo lo une. De ahí la importancia de entender que, en todo conflicto, tenemos algo que ver nosotros también.

Este concepto ha sido acuñado últimamente por la física cuántica, mediante el principio de **NO LOCALIDAD O EL DEL ENTRELAZAMIENTO CUÁNTICO**, donde las partículas separadas por miles de kilómetros, siguen estando en contacto unas con otras, demostrando que todo permanece unido y sin separaciones.

**CARL JUNG** en su teoría del **SUBCONSCIENTE COLECTIVO**, decía que nuestra **PARTE MENTAL** está conectada a un inconsciente colectivo, donde está entrelazada toda la raza humana.

> «Aquellos que no aprenden nada de los hechos desagradables de sus vidas, fuerzan a la conciencia colectiva cósmica a que los reproduzca tantas veces como sea necesario, para aprender lo que enseña el drama de lo sucedido. Lo que niegas te somete. Lo que aceptas te transforma».
> Carl Gustav Jung

Todos tenemos, por lo tanto, responsabilidad en las cosas que suceden en el mundo.

Sé que la mayoría de las personas no van a entender esto y dirán:

¿Qué responsabilidad tengo yo en que me agredieran, me maltrataran o me hicieran tanto daño?

Es difícil de entender, pero lo cierto es que el inconsciente es colectivo y todos estamos conectados a él, alimentándolo.

Desafortunadamente hemos construido un mundo en el que el inconsciente contiene dolor, rabia, ira, destrucción, prejuicios, odio, miedo...

Y todos contribuimos a ese inconsciente, porque la mayoría de las personas, las masas, vibran en eso.

Por eso es tan importante trabajar y avanzar en el camino del propio autodescubrimiento.

**LO QUE HAGAMOS TIENE UN IMPACTO EN TODA LA CREACION, PORQUE ESTAMOS TODOS CONECTADOS.**

**EL HOPONOPONO AFECTA A ESE INCONSCIENTE COLECTIVO, DESACTIVANDO EL ODIO MEDIANTE EL AMOR UNIVERSAL.**

## UN TESTIMONIO ESPECTACULAR

El doctor Ihaleakala Hew Len, un psicólogo hawaiano que trabajó durante cuatro años en un pabellón en el Hospital Estatal de Hawai, hizo un trabajo espectacular con Hoponopono.

Él desarrollaba sus funciones en el área más complicada del hospital donde estaban internados los pacientes más peligrosos. De modo que era el encargado de todos los criminales que habían sido dados por locos. Pero llegó a un acuerdo con el hospital, para tener acceso a sus fichas e historia clínica completa y no trabajar de manera directa con ellos. Por ese motivo él nunca vio a sus pacientes.

Lo que hizo fue leer las fichas y trabajar sobre los pacientes a través de hoponopono. Él miraba dentro de sí mismo, su propia responsabilidad en la creación de la enfermedad de esa persona que estaba a su cargo. Buscaba dentro de él, que había hecho para que esas personas estuvieran mal y sufrieran. Porque sabía que el inconsciente es colectivo y que había algo que él podía sanar desde su propia responsabilidad.

Hizo eso con todos y cada uno de sus pacientes. Y así fue como empezaron a mejorar.

En una entrevista el doctor Len dijo:

> «Luego de unos pocos meses, a los pacientes que debían estar encadenados se les permitía caminar libremente»
>
> «Otros que tenían que estar fuertemente medicados, comenzaban a mermar su medicación. Y aquellos que no tenían jamás, ninguna posibilidad de ser liberados, fueron dados de alta. Yo estaba asombrado. No solamente eso, sino que el personal comenzó a gozar yendo a trabajar. El ausentismo y los cambios de personal desaparecieron. Terminamos con más personal del que necesitábamos porque los pacientes eran liberados y todo el personal venía a trabajar. Hoy ese pabellón está cerrado».
>
> «Yo simplemente estaba sanando la parte de mí que los había creado a ellos. La total responsabilidad de tu vida implica a todo lo que está en tu vida, simplemente porque está en tu vida, y por ello es tu responsabilidad. En un sentido literal, todo el mundo es tu creación».

Es difícil de entender porqué es más fácil culpar a todos menos a ti mismo. Pero lo cierto es que todo lo que hacemos y decimos, afecta a toda la humanidad.

## LOS PRINCIPIOS DEL HOPONOPONO SON:

En el libro *El Otro Secreto: Liberación emocional con Ho'Oponopono,* Shri Khaishvara Satyam Mahadeva, Gurú sobre Chamanismo Huna del año 2009, nombra los principios del hoponopono. Son los siguientes:

- Principio de arrepentimiento.
- Principio de reparación.
- Principio de balance.
- Principio de agradecimiento.

### Principio de arrepentimiento

> Si yo he herido a alguien hoy,
> con pensamientos, palabras u obras,
> o si le fallé a otro en su necesidad.
> Yo ahora me arrepiento.

Los budistas dicen que uno de los cuatro poderes para liberarse de un mal karma, es el poder de arrepentirse. Porque arrepentirse es sentir dentro del corazón, el rechazo a la acción que se realizó.

### Principio de reparación

> Si yo puedo retomar estos pasos otra vez,
> mañana yo haré las reparaciones,
> Y sanaré con amor esas heridas.
> Yo hago este compromiso

El deseo de reparar es mucho más fuerte y poderoso que el arrepentimiento. Porque contiene al arrepentimiento dentro de sí y además incluye el deseo de arreglar lo que se ha hecho, de solucionarlo, de poderlo compensar.

## Principio de Balance

Y si una herida me ha golpeado profundo,
y ninguna reparación es hecha.
Yo pido a la luz balancear todo.
Yo cuento la deuda como pagada.

No hace falta que la persona a la que deseas perdonar te pida perdón. Ni siquiera es necesario que esté viva. Basta con tu perdón y el deseo de tu corazón de perdonar realmente, para que te liberes. La luz blanca lo hará.

## Principio de Agradecimiento

Espíritus Parentales a quienes yo amo,
y quien yo sé que me aman.
Lleguen a través de la puerta que yo abro,
hagan claro mi camino a vosotros.
Agradecer desde el amor es el estado de mayor dicha.

**POR FAVOR, PERDÓNAME:**

**CUANDO DICES, POR FAVOR, PERDÓNAME NO LE PIDES PERDÓN A DIOS O A OTRA PERSONA. TE PIDES PERDÓN A TI A TRAVÉS DE LA DIVINIDAD QUE EXISTE DENTRO DE TI.**

PASO CINCO

# TIRAR LAS VEINTE CARGAS

«Jamás se ha conseguido nada espléndido que no haya sido logrado por quienes se atrevieron a creer que había en su interior algo superior a las circunstancias».

(Bruce Barton)

## TIRA LAS CARGAS

Recuerda: eres el capitán de tu barco.

Eres tú, quien maneja el timón de tu vida.

Eres tú, quien decide cómo vivir y qué frutos vas a disfrutar a lo largo de la travesía.

Y eres tú, quien debe hacer el trabajo de tirar todas las cargas que no te permite obtener lo que deseas. Para conseguir navegar ligero de equipaje debes deshacerte de ellas.

¡¡Y eso es lo que vamos a empezar a hacer ahora mismo!!

Muchas personas leen y tratan de aplicar conocimientos teóricos, pensando que de ese modo, lograrán superar todo lo que les lastra y obtener la fuerza vital necesaria para transformar su vida. Pero se decepcionan al poco tiempo y pierden la motivación al no lo lograrlo. Eso pasa porque el trabajo debe ser profundo.

**NO BASTA LA TEORÍA.**

**HAY QUE MOJARSE.**

Bajar al barro. Y desde ahí, construir una nueva versión de ti mismo. La verdadera versión. La de la persona que has venido a ser en realidad.

¡¡Vamos a ello!!

**LAS CARGAS** son esos lastres que arrastramos durante toda la vida. Esos pesos que un día colocaron sobre nuestras espaldas y que nos impiden caminar libres y seguros de nosotros mismos. Son esas maneras de hacer y de pensar que nos inculcaron cuando éramos pequeños y que nos obligaron a doblegarnos a la mediocridad de un mundo, que solo pretende controlarnos y mantenernos sumisos.

Son todo eso, que **NO SOMOS EN REALIDAD**.

Las máscaras que ocultan nuestro verdadero brillo.

Por eso, para que el cambio y la transformación se abran paso en tu vida de manera plena, debes lanzarlas por la borda cuanto antes y programar tu **MAPA DE IDEAS** para que no vuelvan a instalarse nunca más.

A lo largo del libro iremos trabajando cada una de ellas. De manera que al combinaremos la parte teórica con los ejercicios propuestos en el libro de ejercicios de ***LA SAGA DEL LATIDO***, donde entraremos en el plano práctico. Eso si decidiste **IMPLICARTE** en lugar de solo **COMPROMETERTE**.

**RECUERDA QUE LA SAGA DEL LATIDO SON LIBROS DE ESTUDIO, PARA PODER RESINTONIZAR CON NUESTRA VERDADERA PERSONALIDAD Y LA FUERZA DE QUIEN HEMOS VENIDO A SER EN REALIDAD.**

Las veinte cargas son:

1. La carga del miedo.

2. La carga de la crítica.

3. La carga de la opinión de los demás.

4. La carga de la falta de amor a uno mismo.

5. La carga de no ser capaz de dar lo que deseas recibir.

6. La carga de la comunicación violenta.
7. La carga de no saber escuchar a los demás.
8. La carga de la envidia.
9. La carga de vivir fuera del centro.
10. La carga de no saber manifestar en el plano material lo que se desea.
11. La carga del apego.
12. La carga del rencor y la incapacidad para perdonar.
13. La carga de creer no merecer.
14. La carga de no haber superado algún dolor de la infancia.
15. La carga de no querer dejar ir a los que nos hicieron daño.
16. La carga de la culpa.
17. La carga de no permitirse vivir el enfado.
18. La carga del maltrato y el castigo.
19. La carga de la falta de fe.
20. La carga de la pobreza.

**¡¡¡VAMOS A SOLTAR LASTRE!!!**

## 1. LA CARGA DEL MIEDO

> «Valiente no es quien no tiene miedo sino quien lo enfrenta, aunque le tiemble hasta el alma» (Walter Riso)

La gran verdad es que, aunque no lo reconozcamos y sea un tema tabú: **TODOS TENEMOS MIEDO.**

Pero el problema no es tener miedo. El problema es abandonarse al miedo y dejar que él nos paralice.

El miedo debe ser un motor en nuestra vida, algo que en lugar de pararnos no impulse y nos invite a estar alerta.

- Si aceptamos que sentimos miedo ante algo, entonces nos mantendremos pendientes **AL CIEN POR CIEN** de lo que estamos haciendo en ese momento. Y lo haremos sin perder la perspectiva ni entrar en pánico.

- Si nos resistimos al miedo, él nos hace su prisionero.

El concepto del miedo es algo de lo que socialmente se habla poco, porque sentirlo está asociado a la debilidad. Pero en realidad los humanos tenemos muchos miedos. Sentirlo y aceptarlo nos humaniza.

En la Biblia la frase: «no tengas miedo», aparece 365 veces. Se nombra el mismo número de veces que días tiene el año,porque el miedo forma parte del camino de la vida.

> «Moisés se cubrió la cara. Pues tuvo miedo de mirar a Dios».
> (Éxodo 3, 6)

El problema no es sentirlo, sino cómo lo dominamos o cómo nos dejamos dominar por él.

Las personas tenemos en general lo que yo llamo **MIEDOS UNIVERSALES:**

- Miedo a los cambios.
- Miedo al envejecimiento.
- Miedo a la soledad.
- Miedo a las catástrofes.
- Miedo a las enfermedades.
- Miedo a la guerra o periodos de carencia.
- Miedo a los graves problemas políticos que desestabilicen la economía.
- Miedo a las crisis familiares.
- Miedo a las pérdidas de seres queridos.
- (...)

Por lo tanto, podemos decir que los **MIEDOS UNIVERSALES** son aquellos que todos sentimos alguna vez de nuestra vida. E incluso aquellos que nos acompañan prácticamente siempre.

Pero el miedo es un camino sin retorno. De manera que si nos resistimos a aceptarlo, se nos instala hasta los huesos, creando nuevos miedos irracionales que pueden desembocar en una parálisis de nuestra vida.

Puede impedirnos incluso hacer las tareas más simples, sencillas y cotidianas. Para ello toma forma de fobias.

Para vencer al miedo hemos de conocerlo y ponerle cara. Por eso vamos a hablar de las **CUATRO REGLAS DEL MIEDO**.

Es importante que las conozcas para que aprendas cómo funciona y opera el miedo en nuestra vida y de ese modo, seas capaz de superar cualquier temor.

**LAS CUATRO REGLAS DEL MIEDO SON:**

1. No desaparece solo por arte de magia.

2. La fórmula para que desaparezca es enfrentarlo.

3. El miedo se enfrenta haciendo aquello que te da miedo.

4. El miedo es universal y lo tenemos todos. No es patrimonio nuestro, sino que es un signo humano. Así que, si sientes miedo, bendice tu humanidad, en lugar de pensar que eres una persona incapaz de hacer esto o aquello otro.

5. Tras el miedo está la autoestima, el amor y la confianza.

El miedo es una de las cargas más pesadas. Muchas personas arrastran el miedo desde la más tierna infancia, donde les contaban cuentos en los que una bruja se comía a los niños que no hacían lo que su madre les ordenaba que hiciesen.

Después, en la adolescencia el miedo al fracaso hace que muchas personas no estudien o no se dediquen a lo que realmente aman hacer. Por eso se dejan dominar por el miedo y toman caminos dolorosos para ellas ya que pierden toda luz e ilusión renunciando a lo que les hace felices.

Estas son algunas de las frases con las que renunciamos a lo que hemos venido a ser en realidad:

- Si estudias eso te morirás de hambre.
- Puedes cantar, sí, pero estudia una carrera o nunca tendrás un trabajo que te dé para vivir.
- Debes dedicarte a hacerte cargo del negocio familiar o nos arruinaremos. Nadie más puede hacerlo.

Las cajas de los supermercados, las gasolineras y los restaurantes están llenos de personas con carreras universitarias.

El mundo está repleto de personas que dejaron de perseguir sus sueños **POR MIEDO.**

Vencer el miedo es de las cosas más importantes que podemos hacer por nosotros mismos.

Querido amigo: no ha sido fácil llegar hasta aquí, lo se. Pero si has llegado hasta la lectura de esta página y has leído el resto de libros de la ***SAGA DEL LATIDO***, es porque sin lugar a dudas **ERES INDOMABLE** y controlas tus miedos. No dejas que ellos te controlen a ti y coges el timón de tu vida con fuerza.

Porque te late dentro del corazón, la fuerza universal que busca a través de las respuestas, la conexión con su propia esencia.

## EL EXTREMO CONTRARIO DEL MIEDO ES EL AMOR.

Muchas personas piensan que el antagonista del amor es el odio, pero **NO.** Es el miedo. Las personas asustadas ante la maravilla de la vida, esas que viven de espaldas a sí mismas, juzgando a todo el mundo y alzándose como modelos a seguir, son personas que solo tienen miedo. Por eso se odian en secreto y odian a boca llena a todos los que son diferentes a ellos.

El miedo trae aparejada la falta de confianza, porque si tienes miedo no puedes confiar en la vida.

No es posible temer y estar confiado.

Pero recuerda que la anatomía del miedo procede del intento de protegerte. Es un sistema de protección para ti, así que úsalo en tu favor.

Una de las formas que tiene de protegerte es desencadenando procesos químicos que te ayuden a huir en situaciones de peligro. Un ejemplo de ello es: cuando lanzamos adrenalina a nuestro torrente sanguíneo antes de salir corriendo.

La adrenalina se desata para protegerte.

## EL MIEDO EN LA INFANCIA

Durante nuestra infancia se nos prepara para vivir en sociedad y para que nos ajustemos al paradigma mental predominante. De esa manera, la crianza tradicional, ha utilizado históricamente el miedo para controlar a los niños y a las niñas y lograr que hagan lo que sus padres les ordenan que deben hacer.

Solo hay que echar un vistazo a la cultura popular, con figuras como el «hombre del saco», que se llevaba de sus casas a esos críos que no hacían lo que sus padres les pedían que hicieran. O leer cualquier cuento de los hermanos Grimm, en los que los niños eran encerrados en celdas y cocinados por brujas malvadas.

Todo ello construye el ideario colectivo del miedo. Ese ideario colectivo, es el sistema de dominación. Y sirve para domesticar a las masas.

Pero nosotros somos los capitanes de nuestro barco porque no ha logrado doblegarnos y pese a todos sus mensajes que buscan hacer que nos muramos de miedo, **NO CEJAMOS EN SER QUIEN HEMOS VENIDO A SER EN REALIDAD.**

Amarnos a nosotros mismos hace milagros en nuestra vida.

## 2. LA CARGA DE LA CRÍTICA

Durante toda la ***SAGA DEL LATIDO*** hemos hablado de la crítica. En el resto de libros la abordo también, porque es un tema **ESTRUCTURAL**, de raíz.

Esto significa que mientras no dejes de criticar y de juntarte con personas que viven de la crítica y de despellejar a otros, no prosperarás. **ASÍ DE SENCILLO.**

Dejar de criticar y de tener un diálogo interno que constantemente busca la paja en el ojo ajeno no hará que tu vida vibre en la energía de la transformación. Todo lo contrario, hará que tu mundo cada vez sea más y más pequeño.

En mi libro ***Escucha tu latido***, hablo del término «GDC», Gente De Calidad. Y te invito a que te rodees sólo de gente de calidad en tu vida.

Si no lo has leído te recomiendo que lo hagas porque este es una de las cosas más importantes de llevar a cabo en este camino de transformación que has iniciado. Y también una de las mas difíciles. Pues en el sistema de dominación en el que vivimos criticar es algo que forma parte de la naturalidad de la vida. Sencillamente porque para que vivamos subyugados al propio sistema es necesario que en lugar de ocuparnos de nosotros mismos y de ir hacia nuestro centro interior, perdamos nuestra energía buscando el fallo de los demás para condenarlos.

No olvides una cosa muy importante: **LA CRÍTICA CON LA QUE JUZGAS A LOS DEMÁS, ES TU PROPIA FORMA DE JUZGARTE.**

Es la manera que tienes de hacerte daño a ti mismo. De enjuiciarte a ti mismo. De hacerte pequeño a ti mismo. Y, sobre todo, la manera que tienes de verte a ti mismo.

Nunca llegarás a amarte a ti mismo si actúas contra los demás desde la crítica y el juicio.

La crítica solo sirve para hacer que nos sintamos terriblemente mal.

A las personas se les pueden mostrar formas diferentes de hacer las cosas, sin azotarlas con la crítica. Todos lo hacemos lo mejor que sabemos o podemos, en el momento en el que estamos.

Es importante que dejes de criticar.

Que analices las cosas que dices del resto de personas.

Que analices lo que las personas de tu entorno dicen del resto de personas.

Y que te comprometas en dejar atrás la enorme carga de tener que juzgar y juzgar constantemente la vida de los demás.

## 3. LA CARGA DE LA OPINIÓN DE LOS DEMÁS

Estar constantemente buscando que el resto del mundo apruebe lo que haces, es como decirles a todos los demás que es más importante lo que ellos piensan de ti, que lo que piensas tú de ti mismo.

Las personas pierden un tiempo y una energía valiosísima en buscar la aprobación de los demás.

Se preocupan por lo que van a pensar, si hacen esto o lo otro. Y le dan toda la importancia del mundo a la opinión de los demás.

Tanto que a veces, la aprobación del resto se convierte en una pieza fundamental para hacer o no, las cosas que desean hacer en sus vidas.

Es cierto que somos animales sociales y que disfrutamos cuando la gente nos dice que lo hacemos bien. Pero **DEBES PASAR DE LA CRÍTICA Y DE LOS JUICIOS DEL RESTO DEL MUNDO.**

Créeme, si yo no hubiera pasado de todo eso, **NO HABRÍA HECHO NADA DE TODO LO QUE HE HECHO** y ahora estaría en una **CAMA ENFERMA Y SOLA.**

Cuando la búsqueda de la aprobación se convierte en algo imprescindible para nosotros, entonces tenemos un problema.

Para sentirte bien en tu interior no necesitas los aplausos de nadie más que de ti mismo.

Debes vivir tu vida y dejar de vivir la vida, que los demás quieren que vivas.

Por eso debes deshacerte de inmediato de la necesidad de aprobación.

La necesidad de aprobación de los demás significa, en definitiva:

- Los demás saben más de mí mismo que yo.
- Los demás saben mejor como vivir mi vida que yo.
- Los demás saben mejor lo que tengo que hacer que yo.
- Los demás son más de fiar a la hora de tomar decisiones que yo.

**PIENSA DE MANERA INDEPENDIENTE, PASA DE LOS DEMÁS.**

**HAZME CASO.**

La independencia no gusta al sistema de dominación. El sistema de dominación necesita que seamos gregarios, que vivamos en grupo y que hagamos todo aquello que nos dicta, sin salirnos ni un poquito por los bordes.

Si te sales, todos te atacarán.

Ser independiente es tener luz propia, pensar por uno mismo, vencer el miedo al que dirán y claro, eso genera miedo e inseguridad en todos los cobardes que no se atreven **A SER QUIENES HAN VENIDO A SER EN REALIDAD**, porque ya se olvidaron de que ese es su gran cometido en este viaje.

El sistema de dominación se expresa ya en los primeros años de vida a través de la creencia de la crianza tradicional de que los hijos nos pertenecen.

Millones y millones de familias en el mundo creen prácticamente que sus hijos se inscribieron un día en el registro de la propiedad en lugar del registro civil. De modo que vuelcan todas sus frustraciones y anhelos. Todos sus sueños no cumplidos y expectativas... en sus pobres hijos.

«Tus niños no son tus niños.
Son los hijos y las hijas de los anhelos
que siente la vida por sí misma.
Vienen a través de ti, pero no de ti.
Y aunque están contigo, no te pertenecen».
(Khalil Gibran)

Los niños tienen la esencia de la independencia brillándoles dentro de una manera fascinante y asombrosa. Pero pronto son reprendidos y doblegados.

Te voy a poner unos ejemplos de lo que pasa cuando en lugar de hacer lo que quieres y ser independiente y pensar por ti mismo, buscas la aprobación de manera constante:

- Cambias lo que piensas respecto a diferentes temas para tener aprobación.

- Le haces la pelota a la gente y te colocas debajo para que te quieran.

- Criticas a quien están criticando, para sentirte parte del grupo. (Si tu autoestima está por los suelos, puede que seas incluso más agresivo y beligerante para llamar la atención).

- Nunca te muestras en desacuerdo por miedo.

- Te sientes atacado cuando alguien piensa diferente a ti y no sabes exponer tu opinión, si no es enfadándote.

- No dices nunca, NO.

- Cuentas desgracias para hacerte el importante y tener la atención de la gente que te rodea a través del morbo.

- Llegas tarde a los sitios para que te vean (esto los políticos lo hacen constantemente y han hecho de la falta de puntualidad una ciencia).

- Pides perdón todo el rato.

- Crees que lo sabes todo.

La lista es infinita, pero si te has visto reflejado en uno solo de los puntos que he expuesto más arriba, debes:

**BUSCAR EL AMOR DENTRO DE TI.**

**AMARTE POR ENCIMA DE TODO.**

**EJERCER EL PENSAMIENTO CRÍTICO.**

**PASAR DE LO QUE PIENSEN LOS DEMÁS.**

**ERES EL CAPITÁN DE TU BARCO Y NAVEGARÁS TUS MARES. ESA ES LA ÚNICA VERDAD.**

## 4. LA CARGA DE LA FALTA DE AMOR A UNO MISMO

Amarse a uno mismo es una aventura maravillosa que dura toda la vida.

Todos hemos escuchado alguna vez, que no podemos querer a nadie, mientras no nos queramos a nosotros mismos. Y es verdad. Pero, ¿Cómo fomentar el amor hacia la persona más importante de nuestra vida?

¿Cómo lograr querernos por encima de todo y de todos?

¿Cómo convertir esos defectos y cosas que no nos gustan de nosotros, en partes importantes de nuestra existencia y aceptarnos completamente desde el amor?

El camino para amarnos a nosotros mismos tiene unos pasos.

Durante mucho tiempo nos han hecho creer que amarnos demasiado es ser engreídos. Tanto que ha llegado un momento que la gente confunde ambas cosas.

Amarse a uno mismo no es algo que hagan las personas engreídas. Generalmente esas personas suelen sentir muy poco amor hacia sí mismas y por eso hacen alarde constante de virtudes públicamente.

Amarse a uno mismo es establecer una relación única, solida e indestructible con la persona más importante de tu vida. Esa que te va a acompañar siempre y la que más te necesita.

De modo que voy a explicarte los pasos que hay que dar para amarte a ti mismo:

1. Dejar de criticarte. Vuelvo a repetirte que mientras critiques a los demás te estarás criticando a ti también. Y que la crítica

solo hace que empequeñecerte. Deja de juzgarte y acéptate de manera completa. No pienses que tienes que ser perfecto NO. Eres una criatura en evolución que solo encontrará la perfección cuando deje de caminar este camino. ÁMATE.

2. Suelta el miedo. Deja de pensar en tragedias, en desgracias, en cosas negativas. Deja el miedo atrás y fíjate en las cosas buenas de la vida. En todo su potencial. En todas las bondades y bendiciones. No te centres en la negatividad y potencia la luz que hay a tu alrededor.

3. Acepta tus errores como parte del proceso de aprendizaje en el que estás inmerso. Deja de fustigarte por esto o por lo otro. No padezcas de perfeccionismo porque si lo haces serás tú juez constantemente y volverás al primer punto: a la crítica. Eres perfecto como eres y nadie nació sabiendo.

4. Permítete el tránsito. Estás en un camino de aprendizaje y expansión personal. Es normal que durante el proceso que atraviesas, en el que estás abandonando tus antiguas ideas y creencias, estas aun te asalten. Deja que los pensamientos limitantes aparezcan y déjalos pasar. No te resistas ni te hagas daño o te frustres por ello. Todo lleva su tiempo y es normal que, en mitad de la búsqueda de tu amor hacia ti mismo, afloren pensamientos negativos e incluso críticas internas que traten de parar el proceso.

**SIMPLEMENTE PASA Y SIGUE GENERANDO MAS Y MAS AMOR PARA TI.**

5. Elógiate. Háblate en voz alta y dite cosas bonitas a ti mismo. Se una compañía importante para ti. Suple esas necesidades que buscas fuera con tu amor propio y tu aprobación constante.

**ÁMATE Y DITE TODO LO BUENO QUE HAY EN TI.**

6. **AMA TODO LO QUE ANTES NO TE GUSTABA.** Coge todos aquellos «defectos» que tanto daño te han hecho alejándote de la experiencia del amor universal y potencia todo lo bueno que tienen. Son partes de ti que necesitan que las quieras y las integres en tu mundo. **ÁMATE TAL CUAL ERES. LA PERFECCIÓN ES JUSTO EL MOMENTO ACTUAL.**

Cuando hayas integrado todo esto verás como tu vida se transforma de una manera increíble. Eso será así, porque la abundancia, el amor y todas las bendiciones están siendo bloqueadas por tu falta de amor propio.

Cada vez que te haces daño de pensamiento o palabra, pones un palo más en las ruedas del carro de tus logros.

Por eso **ÁMATE, PORQUE TÚ ERES IMPORTANTE.**

## 5. LA CARGA DE NO SER CAPAZ DE DAR LO QUE DESEAS RECIBIR

Cuantas personas me he encontrado a lo largo de mi vida que dice querer esto o lo otro, sin tener intención de darlo ellas...

Muchas personas buscan recibir cosas que no son capaces de dar o que no quieren dar en absoluto.

Dicen desear una pareja estable, pero sus vidas están desestabilizadas por completo.

Dicen querer encontrar a una persona detallista y cariñosa, pero ellas no están dispuestas a ofrecer eso mismo a la persona con la que quieren relacionarse.

Quieren triunfar, pero con un trabajo de ocho horas de lunes a viernes.

En definitiva, quieren obtener los frutos sin hacer el camino para que esos frutos lleguen.

Es fácil entender, que no podemos atraer a nuestra vida aquello que no somos capaces de generar nosotros. Es la ley de la vibración que hace que atraigamos a personas que vibran como nosotros. Así de sencillo.

Somos el reflejo de todo lo que pensamos acerca de nosotros mismos y de todo lo que somos capaces de dar, porque lo tenemos dentro.

Por eso debemos entender que no podremos recibir abundancia si actuamos y vivimos como personas pobres. O que no podremos recibir un amor pleno y completo si dentro de nuestro corazón albergamos un miedo inasumible de entregarnos en una relación.

**OBSERVA TUS BLOQUEOS. GENERA AQUELLO QUE ANHELAS Y LO TRAERÁS A TU VIDA.**

## 6. LA CARGA DE LA COMUNICACIÓN VIOLENTA

Una de las cosas que tienes que soltar, es la necesidad de **GANAR UNA GUERRA** cada vez que intercambias opiniones con alguien. En demasiadas ocasiones buscamos la aprobación del otro de un modo tan desesperado, que tratamos de convencerle para que piense como nosotros.

El conflicto en nuestra sociedad, es visto como algo negativo y terrible. De manera que si hay un conflicto entre las personas, todo el mundo se asusta. Porque vinculamos conflicto con violencia.

Pero en realidad los conflictos son algo natural y nos aportan cosas positivas.

Siempre y cuando no haya violencia lógicamente.

Lo que quiero decir, es que el hecho de que de repente choquemos con un compañero de trabajo o pensemos de manera opuesta a otra persona, no tiene que ser algo malo. Todo lo contrario, es lo normal.

El asunto en cuestión, es cómo resolvemos ese conflicto sin que se encone o se haga más y más grande.

La única manera en que nos han enseñado a resolver los conflictos a los que nos enfrentamos en nuestra vida, es mediante la comunicación violenta. No tiene por qué ser a golpes, para que sea violenta, no. Basta con que impongamos al otro nuestro criterio, no escuchemos su mensaje o lo juzguemos y le hagamos sentir culpable de lo que sucede, para que sea violenta.

Violenta porque daña. Porque hiere y porque no es una comunicación positiva que vaya a llevarnos a algún territorio fértil en el que sembrar la semilla del amor.

En el sistema de dominación que vivimos, toda conversación o disputa es interpretada como una guerra que hay que ganar a toda costa. Ahí entra en juego el paradigma de la competitividad entendida, como algo que permite pasar por encima al resto.

Cuando queremos ganar la guerra dialéctica, en lugar de saber qué necesidades nos está diciendo el otro que mantiene insatisfechas, estamos usando un lenguaje violento.

Un ejemplo de lenguaje violento, es el que usan los políticos. Y a eso le llaman en ciencias políticas: «ganar el relato».

Es una manera de comunicar que establece que solo hay un modo de ver las cosas y para demostrarlo, se trata de denostar al que se considera oponente o contrincante.

La sola idea de que cuando dos personas hablan sobre un tema, el otro sea un contrincante... podéis imaginar lo que significa.

De ese modo la política lo que logra es crear dos bandos o dos orillas sin posibilidad de puentes o conexiones, dividiendo el mundo en dos y usando a un gran grupo de personas para luchar contra otro gran grupo de personas.

Lógicamente de ahí no puede salir nada bueno y ese es el motivo por el que el mundo, es un lugar cada vez menos amable.

En el resto de los libros de ***LA SAGA DEL LATIDO***, he contado varias veces cómo decidí dejar de comunicarme de ese modo y aplicar todo lo que te cuento en mis libros, al entorno político en el que he estado durante años. Algo nada sencillo, nada fácil y tremendamente enriquecedor sin duda a nivel espiritual para mí.

La comunicación violenta, tiene como base el pensar que el otro está plenamente equivocado y que se tiene la razón de las cosas, negando incluso las explicaciones.

Pero para hablar de comunicación no violenta, obligatoriamente hay que hablar de Marshall B Rosenberg, un psicólogo estadounidense que creó la comunicación no violenta como concepto.

Marshall dedicó su vida a mediar en conflictos para ayudar a las personas, a intercambiar la información necesaria para resolver sus diferencias de un modo pacífico.

Esa tarea le llevó a trabajar en campos de refugiados y a realizar labores de mediación en grandes conflictos bélicos como el genocidio de Ruanda.

> «Lo que quiero en mi vida es compasión,
> un flujo entre mi ser y los demás basado
> en un darse mutuamente desde el corazón».
> (Marshall B. Rosenberg)

La comunicación no violenta está muy próxima a la línea filosófica de Gandhi cuando inició el movimiento político que buscaba la independencia de la India del dominio británico, usando para ello, la renuncia fundamental a la lucha violenta.

Tras esto muchos códigos penales incluyeron la respuesta pacífica como delito, incluido el español en su tipo: «desobediencia pasiva», para evitar que la no violencia tomara las calles. Es decir, negando el derecho pacífico de cambiar algo en la sociedad.

El sistema de dominación necesita demonizar cada acto de libre pensamiento o de oposición al sistema de dominación propiamente dicho.

Y eso es así, porque la violencia es el modo de operar de las sociedades modernas.

> «Lo que se obtiene con violencia solo se puede mantener con violencia. La violencia es el miedo a los ideales de los demás».
> (Gandhi)

La comunicación no violenta es, en definitiva, un método de comunicación que se desarrolla desde el corazón y que promueve la escucha activa. Que conecta a las partes en una doble dirección que va de adentro afuera y hacia dentro de nosotros mismos al mismo tiempo. Es decir: nos conecta con nuestro centro interior y con las necesidades de la otra persona. Es un modo de comunicación que utiliza el lenguaje de la compasión.

La comunicación no violenta está basada en el desarrollo de estrategias comunicativas que nos permiten conservar nuestra humanidad y la de la otra parte también. Porque está basada en el respeto mutuo. Por eso desecha las respuestas mecánicas y las frases hechas y se centra en un diálogo consciente, en el que no caben los tópicos. Busca la honestidad, el respeto al otro y a uno mismo y la empatía, haciendo llegar a la otra persona nuestras necesidades profundas y el deseo de resolver el problema y llegar a acuerdos.

Es un tipo de comunicación que se puede aplicar:

- En cualquier conflicto.
- En la comunicación con nuestra pareja.
- En la comunicación con nuestros amigos.
- En la comunicación con nuestra familia.
- En el sistema educativo.
- En los negocios.

**ES LA POSIBILIDAD DE VER EL CONFLICTO CON LAS DOS PARTES GANADO.**

Es un tipo de comunicación que nos acerca a los demás y hace que aflore la compasión. Promueve la escucha activa y abriendo las puertas al deseo de dar, al otro, desde el corazón.

Para llevarla a cabo no es necesario que la otra persona, con la que nos comunicamos, sepa algo sobre comunicación no violenta. Con que nosotros seamos capaces de desarrollar dicha comunicación, basta.

**POR ESO APRENDE A COMUNICAR SIN IMPONER. MANTENTE EN TU CENTRO Y ESCUCHA A LA OTRA PERSONA DESDE EL CORAZÓN. DATE Y DALE LA OPORTUNIDAD DE QUE TODOS PODÁIS SALIR GANANDO.**

Las claves de la comunicación no violenta son:

- No juzgar al otro.
- Ser honesto: hay que expresarse con el otro de manera honesta y recibir el mensaje del otro de manera empática y sin juzgar.
- Practicar la empatía.

Las formas de comunicación que bloquean la comunicación y nos llevan al conflicto son:

- Los juicios de valor moral.
- Clasificar, comparar y juzgar a la otra persona. Asó como etiquetarla, con formas de criticar.
- Negar la responsabilidad propia y culpar al otro.

- Culpar a los otros de lo que sentimos para hacerles sentir mal y lograr lo que queremos.
- No escuchar la necesidad del otro.
- Pensar que quien no piensa como nosotros es portador de toda la maldad del mundo.

**SI HACES ALGUNA DE ESTAS COSAS, DEJA DE HACERLAS YA.**

Las bendiciones no pueden llegar a tu vida, si no eres capaz de aceptar los modos de pensar de los demás y necesitas ganar todo el rato, no se sabe, qué medalla.

Cuando no sepas hacia donde ir o cómo solucionar un problema **VE A TU INTERIOR, ALLÍ ESTÁN TODAS LAS RESPUESTAS.**

## 7. LA CARGA DE NO SABER ESCUCHAR A LOS DEMÁS

Una de las partes más importantes de la comunicación no violenta, como hemos visto en la sexta carga, es **LA ESCUCHA ACTIVA**.

Marshall B. Rosemberg en su libro: *Comunicación no violenta, un leguaje de vida*, explicó una historia personal que revela la importancia de escuchar a los demás. Es importante escuchar y que las personas sientan que se las está escuchando.

Marshall, realizó multitud de intervenciones en conflictos. En su libro, narró el siguiente relato, el cual es absolutamente revelador en cuanto a las bondades que se obtienen, cuando escuchamos a los demás.

★ ★ ★

Esta es su historia:

> «En una ocasión mostré mi vulnerabilidad ante unos miembros de una banda callejera de Cleveland al reconocer lo dolido que me estaba sintiendo y mi deseo de ser tratado con más respeto. Uno de ellos intervino: —¡oh vaya, se siente dolido!, ¡qué pena!
>
> Y al momento todos sus amigos rompieron a reír. De nuevo yo podía interpretar que se estaban aprovechando de mi vulnerabilidad [...]
>
> Cuando escuché con más atención el comentario de aquel miembro de la banda, «¡oh vaya se siente dolido!», percibí que él y sus amigos estaban dolidos y no querían ser sometidos a juegos de culpa y manipulación. [...]
>
> En lugar de juzgarlos por ridiculizarme o por su falta de respeto, me concentré en escuchar el dolor de sus necesidades que subyacían en ese comportamiento.

Uno de ellos exclamó: —¡Eh, esto que nos ofrece es una mierda!

Suponga que hay gente aquí de otra banda y ellos tienen armas y nosotros no. ¿Dice que lo que hay que hacer es quedarse quieto y hablar? ¡Vaya estupidez!

—Entonces todo el mundo comenzó a reír otra vez y yo de nuevo concentré mi atención en sus sentimientos y necesidades.

—Por lo que veo están realmente hartos de aprender cosas que no tienen relevancia en estas situaciones, ¿es eso?

—Sí, si usted viviera en este barrio, sabría que esto que nos ofrece es una mierda. Algunos tipos le machacarían antes de que pudiera decir dos palabras.

—Ustedes necesitan confiar en que una persona que intente enseñarles algo entienda los peligros a los que están expuestos aquí. ¿Es eso?

—Seguimos así durante 45 minutos y entonces percibí un cambio: ellos sentían que yo les estaba escuchando de verdad. Un orientador del programa sintió el cambio y preguntó en voz alta:

—¿Qué opinión tienen de este hombre?

—El caballero que había estado siendo más duro conmigo respondió: —¡Es el mejor formador que hemos tenido!

—Atónito el orientador se volvió a mí y susurró: —¡Pero si no has dicho nada!

—De hecho, había dicho mucho al mostrar que no había nada que pudieran arrojarme que no fuera susceptible de traducirse en sentimientos y necesidades humanas universales.»

Te invito a que pongas en práctica el arte de escuchar y abandones el vicio mal sano, de despreciar la opinión de los demás. Creer que nuestra opinión es más importante que la opinión de los demás, es algo de lo que hemos de deshacernos...pues es un lastre demasiado pesado.

## 8. LA CARGA DE LA ENVIDIA

La envidia, es de las emociones más destructivas y terribles que existen. Tanto, que destruye al ser humano, a nivel físico y emocional.

Existen decenas de patologías asociadas a la envidia, pues es una emoción que hace que nuestro cuerpo baje su nivel de defensas. Algunas de ellas son:

- Problemas en el canal digestivo. Pudiendo llegar a crear úlceras en la mucosa gástrica y otras alteraciones.
- Problemas de estreñimiento.
- Problemas de insomnio.
- Problemas en las vías respiratorias.
- Cansancio extremo.
- Estrés.
- Cefaleas.

Aunque hay muchas más.

La envidia es, en definitiva, la imposibilidad de alegrarte por la felicidad de otra persona.

Por lo que claramente:

**LA ENVIDIA ES EL ALTAR DE LA PROPIA INCAPACIDAD**

Las personas envidiosas ponen su foco en aquellos a quienes les va bien en la vida y buscan, mediante la crítica, restarles valor a ellos y a sus logros.

Esa mentalidad es la de personas incapaces de producir su propia abundancia. Personas vagas, que quieren los frutos, sin pagar el precio que los frutos valen.

Pues créeme cuando te digo, que detrás de cada historia de éxito, hay también una historia de esfuerzo.

Por eso mismo: **NO EXISTE LA ENVIDIA SANA.**

Las personas envidiosas nunca envidian las desgracias, ni el sufrimiento, pero sí las cosas positivas y buenas que les suceden a otras personas.

En el sistema de dominación en que vivimos es muy normal sentir envidia y hacer alarde de ello. Un lugar en el que la envidia queda al descubierto, es en las redes sociales. Ahí, detrás del anonimato, es donde podemos tomar la temperatura a la envidia que hay en la sociedad.

Debes dejar atrás la envidia. Probablemente pienses que tú, no envidias nada de nadie. Pero analiza bien tus actos, tus pensamientos y tus palabras, porque puede que si lo hagas y no quieras reconocerlo. O incluso puede que hayas normalizado hasta tal punto la envidia, que te cueste reconocer qué es lo que está detrás de determinados comportamientos que tienes.

Sé valiente.

Te quiero.

## 9. LA CARGA DE VIVIR FUERA DEL CENTRO

Esta carga es la que se produce cuando andas constantemente, buscando afuera, aquello que tienes que buscar dentro de ti mismo.

En ocasiones las personas pasan la vida recordando el pasado, para deprimirse y mirando al futuro, para sentir incertidumbre y miedo.

Estar en el centro, significa **ESCUCHAR TU LATIDO** y permanecer en un lugar interior del que nada pueda sacarte. Es conectarte a la **FUENTE UNIVERSAL** de **ENERGÍA DIVINA** que va a sostenerte siempre. Y desde ese lugar, vivir tu vida.

Si estás desconectado de la **FUENTE** y te mantienes siempre afuera, es probable que te sientas perdido y que caigas en la desesperanza.

Tener un centro al que recurrir, siempre. Un centro en el que respirar, en el que meditar, en el que pensar y en el que tomar decisiones, es vital en tu vida.

Las personas que se mantienen en su centro, son capaces de todo. Son personas que pueden lograr lo que se propongan y que desarrollan su inmenso potencial interior.

Estar en tu centro, hace que alguien sin piernas se convierta en escalador y suba al Himalaya.

O un boxeador de barrio, noquee al mejor púgil del mundo, que hasta ese momento estaba invicto.

¿No lo crees?

¡Pues es posible!

¡Claro que lo es!

Si estás en tu centro y dejas de buscar fuera para permanecer dentro, podrás hacer eso y mucho más.

¿Sigues sin creerlo?

Pues mira, Norman Croucher, perdió sus piernas al ser arrollado por un tren. Pero como era un gran amante del montañismo, en 1969, se convirtió en la primera persona sin piernas que caminó las 900 millas. Una enorme distancia de algo más de 1.400 km que separan John O'Groats de Lands End.

Fue la primera persona con miembros artificiales que caminaba un trayecto tan largo. Al ser preguntado sobre su motivación dijo que lo había hecho para endurecer sus muñones, porque tenía más cosas que lograr.

Al año siguiente escaló las montañas Jungfrau y Mönch de 4.107 metros en Suiza y el Monte Cervino de 4. 448 metros. Y siguió haciendo picos toda su vida, hasta subir la cordillera más alta de la tierra: El Himalaya, con 8.849metros de altura.

Norman siempre tuvo un gran sentido del humor. Tanto que escribió un artículo en diciembre de 1979, que luego se publicó la revista *South American Explorer,* explicando los beneficios de enfrentarse al frío sin piernas:

> «Obviamente, mantener los pies calientes es un problema en la escalada a gran altura, pero solo si tiene pies. Mientras mis compañeros bailan la guerra para evitar que los suyos se congelen, puedo estar de pie en el hielo durante horas. Escalando alto o en un vivac, siempre soy el bromista que no tiene los pies fríos.
>
> No necesito tomar precauciones especiales contra anquilostomas, sanguijuelas y serpientes pequeñas».

**¿VES COMO TODO ES POSIBLE SI TE ENFOCAS Y VAS A POR ELLO?**

Ahora te cuento la historia de Buster Douglas, un boxeador desconocido, que venció a Mike Tyson, en el torneo por el título mundial el año 1990 en Tokio.

En aquel momento Mike Tyson noqueaba a todos en el primer o en el segundo round. Era imposible de vencer y arroyaba a cualquiera que se le pusiera por delante.

Muchas veces no peleaba ni el segundo round, en pocos segundos su contrincante estaba inconsciente en el suelo.

Pero el boxeador Buster Douglas, que en aquel momento era un hombre muy poco conocido, tenía que pelear con él. Ninguno de los grandes en la industria del boxeo quería pelear contra Tyson, porque estaba invicto.

La madre del Buster trabajaba en un salón de belleza. Ella estaba entusiasmada y le decía a todo el mundo que su hijo iba a ganar la pelea.

Buster le decía: —mamá tranquila, es Mike Tyson.

—Pero ella contestaba: —va a ganar mi bebé.

Eso era lo que predicaba a todo el mundo con el que hablaba sobre el combate.

Lo que pasó fue, que tan solo un par de días antes de la gran pelea, la madre de Buster Douglas, murió de manera repentina.

Buster, en el combate se mantuvo recio y logró ganar a Tyson.

Cuando ganó la pelea le preguntaron cómo había hecho para ganar a Mike Tyson.

—Se lo había prometido a mi madre antes de morir, —contestó.

**SE PUEDE... CLARAMENTE TODO ES POSIBLE, SI DEJAS DE VIVIR AFUERA Y VIVES DENTRO DE TU CORAZÓN.**

**TÚ DECIDES QUÉ PERSONA HAS VENIDO A SER. SI QUIERES BRILLAR CON TU PROPIA LUZ, VE A TU CENTRO Y CONSIGUE DESDE ALLÍ TODO LO QUE TE PROPONGAS.**

## 10. LA CARGA DE NO SABER MANIFESTAR EN EL PLANO MATERIAL LO QUE SE DESEA

En la carga anterior nos hemos desecho de la creencia de pensar, que todo está fuera de nosotros mismos. Nos hemos por lo tanto centrado y colocado en un lugar, desde el que somos capaces de hacer cualquier cosa y desde el que gestionamos todo en nuestra vida.

En ocasiones, las personas, no son capaces de manifestar aquello que desean en sus vidas, porque no han experimentado su **PODER INTERIOR.**

Dentro todos y cada uno de nosotros, existe un poder interior, capaz de llevarnos a la salud, a la prosperidad y hacia la abundancia en todas las áreas de nuestra vida.

Conectar con ese poder, hará que nos mantengamos en nuestro centro y que sintamos, que de verdad, la vida nos sustenta.

Para poder conectar con él, primero hemos de tener **FE** y conciencia absoluta de que existe este poder y que opera a favor nuestro. Después, debemos estar dispuestos a conectar con él para que nos permita hacer, todos los cambios que deseamos.

Ese poder interior, es el poder universal que tiene todas las respuestas.

El poder interior está por encima de tu mente. Por eso no tienes que pensarlo, sino sentirlo.

Los que habéis estudiado ***LA SAGA DEL LATIDO*** al completo sabéis con más claridad, a que me refiero, cuando hablo de conciencia divina o de conciencia universal o incluso de **UNIVERSO**.

«Soy esclavo de un poder interior más poderoso que mi educación»
(Arnold Schönberg)

## 11. LA CARGA DEL APEGO

La sociedad actual es dependiente.

Las personas sienten ansiedad, ante la idea de abandono. Es tal el estrés que se genera ante el posible abandono que están dispuestas a soportarlo todo, incluida una relación que les haga daño.

El apego horizontal, el que se da entre hijos y padres, es sano y equilibrado ya que ambos se cuidan y colaboran juntos.

Pero el sistema de dominación en el que vivimos, promueve el aislamiento, la competitividad, la envidia y el egoísmo, trayendo la soledad a nuestras vidas. Y en ocasiones, para suplir esa soledad, se busca la compañía a toda costa.

Hay personas que no se dan cuenta, pero buscan verticalidad en sus relaciones, porque necesitan salvar a alguien o ser cuidados por alguien. Y eso denota una gran inseguridad en ellos mismos y una enorme desconfianza hacia la vida.

A veces se confunde el amor con la dependencia emocional. Sobre todo, en el mundo de las relaciones de pareja. Infinidad de personas necesitan controlar a su compañero de vida, por miedo a quedarse solos.

Otras muestran una especie de adicción al otro y se convierten en espías de esa persona, inhibiendo su vida.

El miedo desconfía.

El amor se alimenta de la confianza.

**¿QUÉ ESCOGES AMOR O DEPENDENCIA?**

## RECUERDA:

- Desapego, es dejar ir aquello que te daña.
- Hay gente que cree, que el amor es apego. Pero el amor es libertad.
- El apego es dependencia, necesidad y miedo.
- No se trata de que dejes de amar a tus seres queridos, sino que tomes conciencia de que a pesar de que se puedan marchar, tu vida seguirá teniendo sentido.
- Hay que aprender a dejar ir.
- Ninguna persona le da sentido a tu vida.
- Responsabilízate de tu felicidad.
- Eres el único responsable.
- Aprende a cubrir tus propias necesidades.
- Vive el presente.
- Asume los cambios de la vida.
- Fluye.

## 12. LA CARGA DEL RENCOR Y LA INCAPACIDAD PARA PERDONAR

He escuchado muchas veces eso de:

— ¿Cómo voy a perdonarle, si no me ha pedido perdón?

Te cuento que el perdón es un acto que hacemos para nosotros mismos. Algo que nos libera a nosotros. Por eso no es necesario que la otra parte no reconozca su responsabilidad, en nuestro dolor. Podemos incluso perdonar a personas que murieron, liberándonos del vínculo que nos une al sufrimiento, que esa persona generó en nosotros.

**TE SORPRENDERÁS CUANDO VEAS CON TUS PROPIOS OJOS LOS EFECTOS DEL PERDÓN EN TU VIDA.**

Muchas personas dicen haber perdonado, pero en realidad no lo hicieron. Viven constantemente recordando ese vínculo con quien les hirió de mil maneras:

Ya sea recordando el agravio.

O recordando y hablando de la persona que les dañó.

O rememorando el hecho que les causaron, constantemente.

Si eso sucede, es que no ha habido perdón.

Cuando hay perdón, hay futuro, hay horizonte. El pasado deja de tener sentido y la persona es capaz de enfocarse en vivir hacia delante.

Cuando hay perdón hay liberación y la persona que nos dañó deja de significar (ella en sí misma), nada para nosotros.

Quien más sufre, si no perdonas, eres tú.

La persona que más sufre, es la que no sabe perdonar.

Perdonar es una de las cosas que más cuesta y que más generosidad exige.

Conceder perdón, es liberación.

No perdonar, nos vincula a la ira y al resentimiento.

Perdonar no significa ceder, ni poner la otra mejilla, ni fingir que no ha pasado nada.

«Solamente aquellos espíritus verdaderamente valerosos saben la manera de perdonar. Un ser vil no perdona porque no está en su naturaleza».
(Laurence Sterne)

- El perdón, nos sana.
- El perdón es una oportunidad, de volver a empezar, de mirar hacia delante.
- Cuando perdonas, liberas todos los lastres.
- Perdonar te ayuda a encarar el futuro con mayor grandeza.

Dicen que el tiempo lo cura todo, pero no es así. Hay cosas que no se curan con tiempo sino con perdón. La prueba de ello es la cantidad de personas que, pese a que han pasado decenas de años, siguen recordando su dolor como si lo estuvieran viviendo en ese momento.

Porque su dolor, está intacto y la herida sigue abriéndose, aunque pase el tiempo.

Pero para perdonar, hay que ser muy valiente...

¿Lo eres?

¡Yo sé que sí... vamos!

## 13. LA CARGA DE CREER NO MERECER

> «Me doy permiso para ser, todo lo que puedo ser.
> Me merezco lo mejor».
> (Louise Hay)

He conocido a lo largo de mi vida a miles de personas, que pensaban que no merecían una vida mejor de la que tenían.

Yo misma pensé antaño, que no era merecedora de todos los dones de los que ahora disfruto.

Esta creencia, de no ser suficiente y no merecer las bendiciones de la vida, tiene que ver con nuestra educación y nuestra crianza en la que, en lugar de decirnos:

Esto no está bien hecho.

Nos dijeron frases como:

Mira que mal lo has hecho; eres un chico malo; aprende a hacerlo mejor.

De esa manera atacaron a nuestra humanidad del YO SOY, no a lo que hicimos o al cómo lo hicimos.

Muchas personas sienten que merecen menos que el resto. O que no llegarán a lograr esto o lo otro, porque son personas negras, dentro de sociedades blancas, personas homosexuales, mujeres en entornos masculinos o quizás personas con diversidad funcional o algún tipo de necesidad especial.

Pero eso forma parte de la conciencia colectiva y será así solo si tú crees que es de esa manera.

............

Te cuento una historia:

Morgan Freeman fue entrevistado en una ocasión y el entrevistador le preguntó:

—Qué piensa usted del mes de la historia negra?

—Y sin dejarle acabar la frase él dijo: —ridículo

—¿Por qué?

—¿Vas a relegar mi historia a un mes?

—¡Oh venga! —Contestó el entrevistador mientras se removía en la silla.

—¿Qué hacéis en el vuestro? —Preguntó incisivo Morgan.

—¿Cuál es el mes de la historia blanca?

—El entrevistador suspiraba, deseando sin duda que la tierra se abriese y le tragase.

—¡Vamos, cuéntame! —Insistía Morgan.

—El entrevistador respondió: —yo soy judío.

—De acuerdo, —dijo Morgan, —¿Cuál es el mes de la historia judía?

—No hay ninguno, —respondió el entrevistador

—Oh, oh ¿Quieres uno? —Preguntó Morgan.

—No, —dijo el entrevistador.

—Pues yo tampoco, —dijo Morgan. —Yo no quiero un mes de la historia negra. La historia negra es la historia de América.

—¿Cómo vamos a deshacernos del racismo si no lo nombramos? —Dijo el entrevistador.

—A lo que Morgan no le dejó apenas acabar de pronunciar la frase y le dijo: —Deja que hable sobre eso.

Yo voy a dejar de llamarle hombre blanco, y voy a pedirle que deje de llamarme hombre negro.

Yo le conozco como Mike Wallace, y usted a mi como Morgan Freeman.

## 14. LA CARGA DE NO HABER SUPERADO ALGÚN DOLOR DE LA INFANCIA

> «Aléjate de la sabiduría que no llora, la filosofía que no ríe y la grandeza que no se inclina ante los niños».
> (Jalil Gibran)

En el resto de los libros de la ***SAGA DEL LATIDO***, os he hablado mucho del niño interior. Ese niño que sufre porque a lo largo de su trayectoria de desarrollo y crecimiento, se quedó atrapado en el dolor y creció, pero solo físicamente.

Tirar la carga de la herida del niño interior significa reconectar con él. Encontrar al niño o la niña que fuiste y comunicarle que, a partir de ese momento, vas a cuidar de él o de ella. Que ya no está solo y que vas a proveerle de todo cuanto necesita.

Puedes reencontrarte con él, de muchas maneras.

En el libro de ejercicios podrás llevar a cabo una serie de actividades, que te permitirán realizar esta bella tarea de autodescubrimiento.

Si has tenido una infancia estupenda, puedes hacer estos ejercicios igualmente. Siempre es revelador conectar con el niño o la niña que fuiste, aunque tu niño interior se haya desarrollado de manera óptima y no albergues recuerdos negativos de esa época.

Después de haberlos realizado, podrás conectar con tu niño interior, de manera cotidiana en tu vida. Eso es algo muy liberador porque te permite explorar esa parte de ti, que fuiste y que sigue viva dentro de tu ser.

Tras la maravillosa conexión, podrás dejarle pisar los charcos cuando llueve, permitirle que dibuje, que juegue, que vea una película animada o que se manifieste en la manera y forma que él quiera. Es saludable sentirse de vez en cuando, como el niño que fuimos y que, dentro de nosotros, seguimos siendo.

Conectar con el niño interior y darle permiso, es una manera de dejarse fluir con la vida. Son muchos los noes que recibió ese niño durante su educación. Son muchas las veces que le regañaron e incluso las veces que fueron injustos con él y que le trataron mal o lo despreciaron de alguna manera.

El niño interior, en un momento de su desarrollo, sintió la frustración, la falta de valoración, la exigencia extrema o quien sabe si tu niño interior sintió que nadie podía cubrir sus necesidades o que nadie le amaba.

Conecta con él y permítele manifestarse en tu vida.

**AHORA TU ERES UN SER ADULTO, Y PUEDES CUBRIR TODO LO QUE TU NIÑO INTERIOR NECESITA Y DESEA.**

Uno de los ejercicios que te propongo, es que escribas algunas cartas a personas importantes, que tienen que ver con la herida de tu niño interior, o que estuvieron en el desarrollo de tu niño interior.

Esas cartas no debes enviarlas, ya que son para ti. Pues forman parte de tu ejercicio.

A veces, algunas personas envían las cartas que escriben desde la profundidad de su herida y luego todo se complica. Así que cuando tengas la necesidad de enviar una carta a alguien: guárdala en un cajón durante dos semanas. Date permiso para recapacitar sobre el hecho de enviarla o no y nunca, nunca, lo hagas en caliente.

Si pasadas dos semanas sigues considerando que el mensaje que contiene es el que le quieres hacer llegar, adelante.

Escribir sobre las cosas que te suceden, es muy importante, ya que te ayuda a gestionar emociones y sentimientos, que, de otro modo, no pueden ser procesados y nos dañan enormemente al no ser resueltos.

Después del atentado del 11 s en Nueva York, se llevó a cabo un estudio con supervivientes y personas que habían perdido familiares en las Torres. El estudio se trataba de establecer dos grupos de personas para llevar a cabo una terapia intensiva que les ayudara a gestionar el dolor que sufrían.

Uno de los grupos debía escribir sobre cómo se sentía y otro, hacía la misma terapia que el grupo anterior, pero sin expresar sus sentimientos por escrito.

El resultado fue abrumador, ya que las personas pertenecientes al grupo que escribía sobre sus sentimientos y emociones en relación a todo lo vivido, mostró claros signos de estar elaborando lo vivido, con más ganas de seguir hacia delante en la vida.

Por ese motivo al inicio de este libro, os dije que era importante implicarse en el libro de ejercicios. Porque los cambios que se desencadenarán son mucho más profundos si con valentía y determinación os atrevéis a enfrentarlo.

Un día en una de sus apariciones públicas, Charles Chaplin contó un chiste a su público y todo el mundo se partió de la risa. Segundos después lo volvió a contar por segunda vez y solo se rieron la mitad.

Pero segundos después de la segunda vez, lo volvió a contar una tercera y todos quedaron en silencio y sin reírse.

Entonces Charles Chaplin le preguntó a su público: —¿por qué no nos reímos una y otra vez del mismo chiste, pero sí sufrimos una y otra y otra vez por el mismo hecho?

Freud llamó a esta insistencia «el impulso de la repetición» y la gran terapeuta Alice Miller lo denominó «la lógica del absurdo».

Alice Miller, lo asemejó a llevar unas gafas de sol puestas. De tal manera que si las gafas son verdes se filtrará el color verde y todo será verde. Y lo mismo si son rojas o moradas. Por eso es evidente que, si queremos cambiar y mejorar, debemos modificar nuestro interior y nuestra forma de mirar.

Freud afirmó en multitud de trabajos que las neurosis y las compulsiones, así como infinidad de problemas que transitan las personas en su vida adulta, provienen de su infancia.

> «El conocimiento iluminó estancias olvidadas en la oscura casa de la infancia. Ahora sé por qué podía sentir añoranza del hogar, estando en casa».
> (G.K.Chesterton)

Cristopher Morley escribió uno de los poemas sobre la infancia más bonitos de todos los tiempos:

«El mayor poema jamás conocido

es uno del que todos los poetas han surgido

la poesía, innata, en paños,
de tener solo cuatro años.
Todavía joven para formar parte
del gran corazón de la naturaleza,
nacido hermano del pájaro, el árbol y la bestia,
inconsciente como la abeja.
Aún revestido de encantadora razón
cada día un nuevo paraíso en construcción
alegre explorador de cada sensación
¡sin desmayo, sin pretensión!
En tus ojos transparentes
no hay conciencia ni sorpresas:
el singular acertijo de la vida aceptas,
tu peculiar divinidad recuerdas...
La vida, que todo pone en verso,
puede que haga de ti un poeta con el tiempo,
pero hubo días, oh tierna cría,
en que tu fuiste la misma poesía».

Soy una gran aficionada a las viñetas, sobre todo a las de Mafalda. Trato de buscarlas siempre en todos los periódicos que encuentro y a veces alguna me impacta. Recuerdo ver hace años, una, no sé de qué dibujante y os la voy a describir ahora:

En la viñeta había una señora dibujada que estaba parada con un carricoche en el que había un niño precioso. El crío parecía alegre y miraba a una señora que estaba parada frente a su madre y a él. Y la miraba con una enorme sonrisa en los labios. La mujer, mira a la madre del bebé y totalmente admirada por la belleza de aquel pequeño ser radiante de vida y de felicidad le pregunta —Qué hermosura de niño, ¿Cómo se llama?

La mujer con una sonrisa también le contesta: —Hitler, Adolf Hitler

Os cuento esto porque siempre me ha impresionado el tránsito de una tierna criatura hasta convertirse en un asesino, un violador, un agresor, un político corrupto, un dictador o una persona capaz de destruir la humanidad entera si le dejasen.

### ¿CÓMO SE CONVIERTEN LAS CRIATURAS EN TODO ESO?

Creo firmemente que se debe a un momento en el que el niño interior fue quebrado y a lo largo de este capítulo voy a explicarlo.

Es bien conocido el hecho de que, a Hitler, le pegaron constantemente durante toda su infancia. Su padre era hijo bastardo de un empresario judío que nunca lo reconoció como tal y su propia frustración le llevó a ejercer una gran agresividad sobre su hijo. Hitler fue humillado y avergonzado de manera sádica por su padre durante toda la infancia. En la adultez, él impuso ese sadismo a millones de seres inocentes que eran judíos como su padre.

Todos nosotros necesitamos ser un **«NOSOTROS»** antes de ser un **«YO»**, pues como individuos sociales que somos nos construimos en sociedad y precisamos de espejos en los que mirarnos, para construirnos a nosotros mismos.

Por eso la familia constituye el primer y más importante soporte en la vida de un niño. Si ese soporte no está o es defectuoso, maltratante, hiriente, agresivo o cualquier otro modo tóxico y erróneo de ser, el niño tendrá un **«YO SOY»** dañado.

El niño interior quedará herido y sin que puedas darte cuenta de ello, se dedicará a sabotear todas tus posibilidades de ser feliz.

Ese es el motivo por el cual en muchas ocasiones hay personas que pasan su vida:

- Tratando de que sus hijos hagan lo que ellos no pudieron hacer.
- Buscando en lo material la felicidad de sus almas.
- Se vuelven adictos a algo. (drogas, alcohol, sexo, juego, deporte) en un intento de llenar el vacío.
- Se sienten decepcionados siempre con todo el mundo.
- Critican a todo el mundo porque nadie es lo suficiente.
- Mantienen conflictos constantes en sus vidas.

.............

Cuando los padres no generan confianza, el niño vive desconfiando constantemente de todo el mundo.

Nos castigamos muchas veces del mismo modo en que fuimos castigados en la infancia. Es como si la emoción no resuelta del pasado se convirtiese en la herramienta que usamos en el presente para castigarnos por algo.

## LA SOCIALIZACIÓN DE NIÑOS Y NIÑAS

Lo social también tiene mucho que ver en cómo nos desarrollamos desde niños. En los cuentos para niños, ellos son empujados a cruzar miles de kilómetros, subir montañas y hacer grandes hazañas para conseguir el amor de una princesa. En cambio, las niñas suelen esperar a que un príncipe azul llegue a solucionarles la vida y dibujarles todas las fantasías. Esto que parece que no afecta en nada, centra las ideas infantiles con estereotipos de género que no ayudan en nada a la libertad de ser quienes queramos ser en realidad.

En la bella y la bestia, la princesa es secuestrada por la bestia, que está enamorada de ella y por ese motivo la encierra en un castillo. Después el síndrome de Estocolmo hace el resto. Lógicamente este no es un buen cuento pedagógico para los niños y las niñas.

Y ni que decir tiene lo que sucede con el príncipe que, viendo a una princesa aparentemente muerta, decide besarla.

## LA INFANCIA NOS CONSTRUYE

Pero volviendo a lo que nos ocupa, los niños heridos para ser amados, muchas veces, se comportan de una manera contraria a su propio yo, ya que adquieren un yo que es el yo que el padre o la madre quieren de él.

Es muy complicado poder conocer a alguien que no se conoce a sí mismo porque ha creado un **YO** en base al **YO** que otro quería para él.

Cuando una persona no sabe decir **NO**, al algo que le hace daño o le afecta, es un signo inequívoco de que el niño interior está dañado. Pues la persona interpreta que puede causar pérdida de afecto en el otro si muestra su negativa.

La niñez son etapas que hay que ir superando de manera satisfactoria. Es una parte esencial de la vida y consta de fases.

Si un niño no logra superar una de las etapas se detendrá y aunque siga creciendo su cuerpo tendrá un problema no resuelto.

## EL NIÑO HERIDO ES LA PRINCIPAL CAUSA DE GRAVES PROBLEMAS COMO LAS ADICCIONES, EN LA ADULTEZ

El paso de las etapas es el que hace que su pensamiento se desarrolle. Los niños solo saben de «todo o nada», porque piensan de manera egocéntrica. Es con el paso de algunas etapas como van asumiendo la empatía y logran ponerse en el lugar de los demás, porque no son capaces de ponerse en el lugar de la otra persona o tomar el punto de vista ajeno sobre algo.

Todos los niños heridos adultos, tienen una sensación enorme de vacío, incluso no se sienten protagonistas de su propia existencia.

Si estás leyendo esto y piensas que pudieras albergar dentro de ti a un niño o una niña herido o herida, cumplimenta con sinceridad el siguiente cuestionario.

- Me siento vacío.
- Estoy deprimido la mayor parte del tiempo y me cuesta disfrutar

de las cosas buenas que me pasan en la vida.

- Temo que, si no doy lo que piden de mi en el sexo, me quedaré solo.
- Creo que no estoy a la altura nunca de los retos de la vida o de las circunstancias.
- Siento que hay algo dentro de mí que no funciona bien.
- Me enfado por cosas que no son importantes.
- Me crítico e insulto cuando hago algo mal.
- No tengo conciencia de mis emociones y me cuesta saber lo que siento en cada momento.
- Cuando estoy triste necesito escapar y tomo algo que me calme.
- Los conflictos me aterran.
- No quiero a mis padres.
- Tengo miedo a decir no a algo.
- Pienso que siempre voy a estar solo o que moriré solo.
- Critico a los demás sobre todo cuando se equivocan.
- Lloro y no sé por qué motivo estoy llorando.
- Cuando pienso en mi infancia siento rabia.
- No me gusta que me toquen el cuerpo.
- No me gusta hacer el amor.

- No puedo dormir con la luz apagada.
- Nadie sabe hacerme feliz.

Ahora mira las respuestas y piensa en ellas ya que, si hay más de tres afirmativas, probablemente dentro de ti esté tu niño interior dolido y atrapado.

## LA HERIDA DEL ALMA

Todas las formas de **ADULTO-NIÑO/HERIDO** tienen que ver con el sentimiento de que sus padres no le cuidan o que no son capaces de amarle. Esos dos sentimientos: el abandono y la falta de amor, hacen que no sobrepase las etapas de manera correcta y se empiece a interpretar la realidad desde el trauma.

La única manera de sanar eso, es reprocesar el trauma, es decir, hacer aflorar al niño interior y hacerle pasar de etapa. Es como una forma de volver atrás, para poder seguir hacia delante.

Durante mis quince años de trabajo en la policía, en unidades de intervención, he detenido a muchas personas que se veía a la legua que tenían un niño herido en su interior.

> «Hay dos clases de gente: una clase que sabes, solo con mirarla, en qué punto se ha quedado su yo final... sabes que no puedes esperar más sorpresas de ellos. La otra clase, continúa moviéndose, cambiando y teniendo nuevos compromisos con la vida. Este movimiento los mantiene jóvenes»
> (Gail Godwin. *El fin del colegio*)

## ABUSO SEXUAL

El abuso sexual es algo demasiado extendido en la infancia. Las cifras son alarmantes y hay que tener en cuenta que las cifras que se manejan son orientativas y no representan la totalidad del desastre, porque suele denunciarse muy poco este tipo de delito.

Los motivos por los que no se denuncia, están relacionados en que en la mayoría de ocasiones el agresor forma parte de la familia o es una persona con peso dentro de la comunidad: profesor, cura, entrenador...

Mediante el abuso sexual, un niño es utilizado por un adulto para satisfacer un deseo o impulso sexual. De ese modo el niño crece pensando que es un ser sexual, es decir, que debe ser sexualmente atractivo o deseable para poder ser importante para alguien.

En muchas ocasiones los abusos se disfrazan de amor, pero el niño, en el fondo percibe que no se trata de eso sino de algo que le daña.

Actitudes como las de algunos padres, que les hacen comentarios sexuales a sus hijas sobre sus cuerpos, como:

Que buen culo tiene mi hija. O todo esto es mío. O tratar de ver o acceder al cuerpo de la hija. O ridiculizarlo porque no se ha desarrollado. Son formas de abuso sexual que pasan por bromas, pero son violencia.

**EL ABUSO FÍSICO TAMBIÉN CREA UNA HERIDA PROFUNDA EN EL ALMA.**

**NO DEBE PERMITIRSE EL CASTIGO CORPORAL BAJO NINGÚN CONCEPTO.**

## FAMILIAS DISFUNCIONALES

A lo largo de los últimos años se ha desarrollado todo un estudio y protección a los derechos de la infancia. En épocas anteriores los niños no eran respetados y tampoco había un sistema institucional que los defendiese. No fue hasta 1890 que se creó de manera muy incipiente una Sociedad Protectora de la Infancia y cuando se creó ya hacía tiempo que existía la Sociedad Protectora de Animales.

Por lo que uno de los grandes retos conseguidos en este siglo pasado, ha sido poner en la agenda política y social, los derechos de los niños de manera prioritaria.

El psicólogo Carl Jung, entendió que el niño herido podía formar parte de un arquetipo, por lo que él iba un poco más allá. Ya que un arquetipo es una acumulación de experiencia humana que pasa a ser parte de nuestra herencia psíquica colectiva y a formar un modelo o molde mental capaz de trascender la individualidad e impactar en la herencia de generación en generación.

Esto sucede cuando se obtiene un cierto umbral de experiencia.

> «El arquetipo del niño es una personificación de fuerzas vitales fuera del ámbito limitado de nuestra conciencia [...] Representa el impulso más fuerte e ineludible de cada ser; a saber, el deseo de realizarse él mismo».
> (Carl Jung)

Nos hemos dado cuenta como sociedad que mediante la educación tradicional se viola la intimidad de los niños y se cercena su creatividad.

Querer que los niños sean tu imagen y semejanza y que hagan todo lo que tú no hiciste, es también una forma de maltrato. Pues anula su propia esencia y lo presiona para ser alguien que no es.

## RECUERDA

- Un niño es una isla.
- Un niño no se inscribe en el registro de la propiedad sino en el registro civil.
- Pensar que los niños no tienen voz, ni voto y que son meros objetos hasta que lleguen a la adultez, crea familias disfuncionales.
- Una de las reglas no escritas de las familias disfuncionales es «no sentir» y la otra es «no hablar».
- Las emociones están prohibidas, excepto la culpa con la que te azotan cada día y a cada momento. Porque mediante la culpa pueden establecer un dialogo terrible que es pura manipulación.
- Los niños que se educaron en familias disfuncionales no tienen acceso a su emocionalidad y no les han dejado sentir ni sentirse a sí mismos. Muchas veces no saben ni quiénes son en realidad.

## SI ERES UN NIÑO O UNA NIÑA HERIDA, ABRAZA EL DOLOR ORIGINAL PARA SANAR.

Recuperar tu niño interior significa volver a transitar todas las etapas de desarrollo del niño que fuiste y que eres también en la actualidad. De esa manera podrás solucionar los problemas que te bloquearon.

«Todas nuestras neurosis significan un sufrimiento legítimo».
(Carl Jung)

«Los problemas no se pueden resolver con palabras, sino solo a través de la experiencia; no simplemente una experiencia correctiva, sino volviendo al primer miedo (tristeza, rabia)».
(Alice Miller)

## PARA ABRAZAR EL DOLOR ORIGINAL, NECESITAS PODER CONFIAR EN ALGUIEN

Déjame pedirte que confíes en mí y que sigamos juntos en las próximas páginas de este libro.

Es importante que sigas los siguientes pasos para lograr liberarte de viejas cargas que lastran tu vida. Por ello vamos a:

1. Tomar conciencia.

Si estas tratando de entender o de quitarle importancia al hecho de que te agredieran, ridiculizaran, violaran, abusaran o maltrataran, has de dejar de hacerlo ya.

No hay explicación que valga para lo que te hicieron. Piensa en ti y enfócate en ti. Cuando vamos al dolor original, no importan ellos, sino nosotros. Si en esa búsqueda de volver a tu dolor para sanarlo, confundes tu dolor y antepones las razones de porqué lo hicieron, estarás nuevamente dejándote para después y anteponiéndoles a ellos por delante de ti mismo.

Piensa en ti. Busca tu dolor original.

2. Dejar de justificar.

Si estás en el punto de: «bueno, no eran tan malos», «me pegaba, pero a veces me trataba bien», «me violaba porque había bebido» o cosas por el estilo, has de entender que debes dejar de justificar. Debes aceptar tu herida y querer sanarla. No te centres en razones ni motivos. Céntrate en la herida y decídete a sanar.

3. Soltar la rabia.

Como te decía no nos importa en este viaje al dolor original lo que quisieran o no quisieran hacer tus padres con sus actos. Ni como se sienten con ello, ni nada de todo eso. Nos importa que ocurrió en realidad. Debes enfadarte para curar a tu niño interior. Deja ir la rabia y golpea cojines, sal a correr o grita por la montaña. Lo que sea, pero saca esa emoción de dentro de ti.

4. Salir del barro.

En esta fase sufrimos, lloramos, nos lamentamos. El dolor se vuelve casi insoportable. Pero es necesario caer al barro. Y más importante es saber salir.

Conozco gente que lleva en la misma piscina de barro diez años. Gente que lleva diez años con un terapeuta que le cobra cada semana y que no es capaz de ayudarle a salir del barro. Y eso sucede porque por mucho que haya estudiado, **NUNCA TUVO QUE SALIR DEL BARRO ÉL.**

**POR ESO NO CONOCE EL CAMINO, AUNQUE TIENE LA TEORÍA DE LOS LIBROS QUE ESTUDIO PARA APROBAR SUS EXÁMENES EN LA FACULTAD.**

5. Abandonar los remordimientos.

En muchas ocasiones y sobre todo en víctimas de abusos sexuales, las personas se colocan en disposición de ser los responsables en parte de lo que les hicieron y eso es lo peor que podemos hacer. Acaba con la culpa y los remordimientos.

6. Dejar ir la soledad y la vergüenza.

Nuestro niño interior se siente poco valioso y se avergüenza.

Al sentirse poco valioso, se construye otra identidad y deja de ser el YO que es. Por eso hay que aceptar la vergüenza y la soledad, abrazarlas y salir al otro lado. Esto suele suceder cuanto atraviesas la **NOCHE OSCURA DEL ALMA**. De ello hablo extensamente en mi libro *Créete importante,* de esta Saga.

7. Abrirnos a sentir. Sentir los sentimientos es la fase en la que empiezan a caer los muros del castillo que hemos construido. No es un suceso que sea repentino, sino que conlleva un proceso. Solo puedes curar lo que puedes sentir.

---

> «La mujer personificada es tu madre, es el primer ser con el que tienes contacto...todo comienza con una total fusión del ser...el niño es una extensión de la madre, sin que se perciban limites definidos claros. Existe una participación mística, un flujo físico de la madre al hijo y del hijo a la madre».
> (Karl Stern)

## OTROS EJERCICIOS ADICIONALES

Ve a un lugar tranquilo donde nadie te moleste.

Busca cualquier foto de tu infancia y obsérvala. Mírate y reconócete con amor. Puedes incluso buscar algunas más y pasar una tarde recomponiendo tu historia familiar a través de las fotografías y los recuerdos que tengas.

Si recuerdas algo que te gustase mucho hacer en tu infancia **HAZLO.** Puede ser chapotear en los charcos o salir a oler la tierra mojada. Lo que sea que te gustase hazlo y recupera esa parte de ti.

Puedes escribirle una carta a tu niño interior, para decirle todo lo que deseas hacerle llegar.

Ahora que ya has recuperado a tu niño interior hay que defenderlo, para siempre. El niño perdido tiene carencias en su aprendizaje porque se quedó bloqueado y ha llegado hasta aquí sin haber pasado de manera natural por las etapas que le tocaba pasar. Por eso te necesita más que nunca.

## CREA UNA NUEVA INFANCIA PARA TI

Pan Levin, «los mensajes positivos pueden producir cambios en el ritmo cardiaco y respiratorio de pacientes en coma».

A medida que vayas permitiéndole sanar a tu niño interior irás recibiendo bendiciones en tu vida.

Te sentirás mejor físicamente y también a nivel emocional.

Se desatará en tu vida un enorme potencial creativo y sanador de todo en general.

**DATE UN RATO CADA DÍA PARA SER UN NIÑO. JUEGA, PINTA, HAZ TODO LO QUE DESEES HACER. DESCUBRE EL MUNDO CON LAS MANOS Y SAL A LA LLUVIA SIN ZAPATOS.**

**TU ESTADO NATURAL ES LA CREATIVIDAD PORQUE LOS NIÑOS SON CREATIVOS Y ESTÁN CONSTANTEMENTE CREANDO. DÉJATE SER. PERMÍTETE SER UN NIÑO.**

De este modo trabajarás en el reconocimiento del niño interior.

El trabajo con el niño interior es un proceso personal de auto descubrimiento que te llevará de lleno al latido de tu corazón ancestral y te re- conectará con la fuente.

El «niño» es todo eso, está abandonado y expuesto y al mismo tiempo, es divinamente poderoso; es el comienzo dudoso e insignificante y el final triunfante. El «niño eterno» que hay en el hombre es una experiencia indescriptible, una incógnita, un obstáculo y una prerrogativa divina; un imponderable que determina el valor o la invalidez últimos de la personalidad. C. G. JUNG.

**EL MUNDO NECESITA NIÑOS ADULTOS SANOS.**

> «Si no os volviereis y os hiciereis como los niños, no entraréis en el Reino de los Cielos».
> (Mateo 18, 3)

**¡¡¡¡¡¡¡SED NIÑOS!!!!!!!!**

## 15. LA CARGA DE NO QUERER DEJAR IR A LOS QUE NOS HICIERON DAÑO

Muchas de las personas que me escriben para contarme su dolor, me hablan más de quiénes les provocaron la herida, que de ellas mismas.

Sin darse cuenta, pasan todo el rato poniendo toda su atención en la otra persona. En cómo la otra persona vive como si nada, mientras ella sufre. En cómo la otra persona no ha pagado por lo que le hizo...en cómo la otra persona...

Están tan abrumadas por el dolor, que no son capaces de ver que no es de quien les dañó de quien se trata la cosa, sino de ellas mismas.

Esta carga nos vincula al ejercicio del **PERDÓN** y al **HOPONOPONO**.

¿Recuerdas la teoría de las cuerdas, mediante las cuales los nativos hawaianos pensaban que estaban atados, víctima y agresor?

Pues es exactamente eso.

Por ese motivo, es imprescindible el perdón.

Sé que el perdón no es fácil y que probablemente es de las cosas, que más cuesten en la vida. Perdonar a quien nos hizo tanto daño, nos resulta muchas veces una manera de otorgar algo que el otro no merece. Pero recuerda que el perdón es algo que haces para ti y por ti y que te libera enormemente. No perdonar solo te hace más y más daño.

No hace falta que la otra persona te pida perdón para que tú le perdones. Puedes incluso perdonar a personas que no están en este plano, porque murieron. La liberación del perdón hace que dejes de hablar de esa persona y que tomes poder sobre ti y sobre tus heridas para sanarlas y recuperarte de la situación.

Perdonar es algo que hay que hacer, desde la compasión.

No todas las personas pueden perdonar, solo las personas fuertes y valientes pueden hacerlo, porque es un ejercicio de coraje y determinación impresionante para nuestra vida.

> «El débil no puede perdonar. El perdón es un atributo de los fuertes y valientes».
> (Mahatma Gandhi)

No perdonar, nos envenena la sangre de rencor y resentimiento. A eso yo le llamo: **EL VENENO DEL RENCOR**.

---

En 1999, la Fundación John Templeton, comenzó una campaña para investigar el perdón y sus beneficios para las personas que perdonaban. La iniciativa se llamó: *Campaign for Forgiveness Research*, y en ella numerosos científicos estudiaron el perdón exhaustivamente. Eso dio lugar a que entre 1999 y 2005, se realizaran casi mil estudios sobre el perdón.

Uno de los estudios más valorados y replicados después fue el que realizó el doctor Frederic Luskin, cofundador del Stanford Forgiveness Project. En él, concluyó que el perdón: «eleva el estado de ánimo y aumenta el optimismo, mientras que no perdonar está correlacionado con estados de depresión, ansiedad y hostilidad».

Cuando no nos damos permiso para perdonar, nuestro cuerpo desata unos neurotransmisores en nuestro cerebro. Esos neurotransmisores son los responsables de grandes estados de estrés y ansiedad. Son la adrenalina, el cortisol y la norepinefrina. Los cuales inhiben los procesos de defensa del cuerpo, por lo que nuestras defensas bajan. De manera que la presión arterial sube, junto con la frecuencia cardiaca y la tensión muscular. El daño a nuestro cuerpo es absolutamente terrible.

En estos estados, dejamos de pensar de manera clara y nuestras facultades mentales quedan limitadas. Por lo que muere la creatividad y el rendimiento y nuestro cerebro entra en un estado de «no pensamiento».

El poder del perdón se manifiesta, permitiendo al cuerpo recuperar sus funciones de manera óptima.

Cuando perdonamos, todo en nuestro organismo, vuelve a su equilibrio.

La presión arterial y el ritmo cardíaco descienden, los neuroquímicos del estrés son reabsorbidos y el sistema nervioso activa el modo parasimpático. Esa es la denominada respuesta de relajación.

Podría decirse que la negatividad hace que se activen las partes más antiguas de nuestro cerebro y el perdón que se pongan en marcha las más evolucionadas, como la corteza pre frontal y la corteza cingulada posterior. Estas zonas son en las que reside la moral, la empatía, el control cognitivo de nuestras emociones y la resolución de los problemas que nos acucian.

En estas zonas es dónde se inhiben las reacciones impulsivas movidas por la rabia y el odio.

El pensamiento superior nos permite formas de entender lo que sucede, visualizar nuevas posibilidades, empatizar y relativizar a veces.

Esto tiene a su vez un impacto decisivo en nuestros estados de ánimo, nuestra autoestima, nuestras respuestas emocionales, nuestras relaciones y nuestro sentido interior de propósito vital.

La investigación sugiere que el perdón, con seguridad, es un mecanismo que evolucionó para permitirnos superar el dolor y aliviar el sufrimiento. La inteligencia natural se vio obligada a desarrollar un mecanismo para evitar que nos acabáramos matando entro nosotros, al observar que los seres humanos amenazábamos nuestra integridad, hasta el punto de poner en peligro la supervivencia.

Cuando sentimos emociones positivas hacia las personas que nos ofendieron, experimentamos cambios fisiológicos positivos en nuestro organismo. Además, el perdón es también un modo de mantener el arraigo y la cohesión social del grupo, ya que, por medio de él, se asegura la supervivencia del clan.

Sin embargo, nuestra cultura moderna no suele promover el perdón y la compasión: los actos de caridad extrema suelen ser percibidos como tonterías e insensateces, meros signos de debilidad y sumisión. De modo que nos resulta más fácil estigmatizar o denigrar a nuestros enemigos que empatizar con ellos y perdonarlos. Esta mentalidad nos resta salud física y mental, y a menudo nos sume en el odio. Debemos dejar de percibir el perdón como algo irracional.

Cuando hemos sido enormemente dañados y recordarmos lo sucedido, de nuevo nos resulta devastador. Entonces la práctica del perdón y la compasión se vuelven todo un desafío.

Pero recuerda que el desafío está para que encuentres la paz y puedas restaurar tu cuerpo y tu espíritu.

El Dalai Lama nos ofrece una visión del perdón que él entiende como la vía a la salud física, mental y espiritual; ya que la ira, la venganza y el rencor, son causa de sufrimiento:

> «Hay dos niveles de perdón.
> Un nivel: el perdón implica que no deberías desarrollar sentimientos de venganza, puesto que perjudicas a la otra persona, y es por tanto una forma de violencia. Con la violencia, hay normalmente contra violencia. Esto genera más violencia aún – el problema nunca termina.
> Otro nivel: el perdón significa que no deberías desarrollar sentimientos de ira hacia tu enemigo. La ira no resuelve nada. La ira sólo te trae sentimientos incómodos, destruye tu paz mental. No puedes sentir felicidad mientras mantengas la ira. Con el perdón la mente está tranquila, hay más paz mental, y más salud para el cuerpo».

Ve al libro de ejercicios y sé valiente. Allí encontrarás **MI MODELO DE SIETE PASOS PARA EL PERDÓN.**

## RESUMEN

- **NO PERDONAR**, activa estados de depresión, ansiedad y violencia interior que nos restan salud física, mental y espiritual.
- **NO PERDONAR**, inhibe el mecanismo de defensa de nuestro cuerpo, por lo que no podemos defendernos de patógenos y tenemos más riesgos de sufrir una enfermedad.
- El perdón, nos permite volver a nuestro centro.
- El perdón, nos permite restauran nuestras funciones fisiológicas y cognitivas.
- El perdón, nos libera de la rabia, la ira y el resentimiento.
- El perdón, saca de nosotros mismos nuestra mejor versión.

«El perdón es la fragancia que derrama la violeta en el talón que la aplastó». (Mark Twain)

## 16. LA CARGA DE LA CULPA

«La culpa, el resentimiento, la tristeza y cualquier forma contraria al perdón, es causada por un exceso de pasado y una falta de presente». (Eckhart Tolle)

En las sociedades occidentales hay una larga tradición en el uso de la culpa, como mecanismo de control. La iglesia católica, debido a una mala interpretación de las escrituras y de la palabra de Jesús, instauró la culpa y el castigo en las sociedades medievales y de ese modo, llega hasta nuestros días.

No vamos a hablar de culpa. Vamos a hablar de responsabilidad. Ya que no creo que seamos culpables, sino responsables.

La culpa nos estanca, nos etiqueta con la palabra **CULPABLE**, sin dejarnos seguir hacia delante en nuestra vida. Nos ancla a algo que hicimos o que dicen que hicimos y no nos permite perdonarnos ni avanzar. La culpa sencillamente, nos mata poco a poco porque nos llena de resentimiento contra nosotros mismos.

La responsabilidad nos permite apersonarnos de lo que hicimos y asumirlo desde el compromiso. Nos concede perdonarnos y hacer cambios en nuestra vida.

Si nos sentimos culpables, estamos renunciando a nuestro poder personal de poder responsabilizarnos de nuestros actos y cambiar todo aquello que queramos.

**NO DEBEMOS CEDER NUNCA NUESTRO PODER PERSONAL.**

Sentir culpa, es una forma de auto- convencerse de que somos malas personas o que no somos válidas.

En cambio, aceptar la responsabilidad, te lanza a la acción.

La responsabilidad, es nuestra capacidad de reaccionar.

Asumir nuestro propio poder y ejercerlo, para ser compasivos con nosotros mismos, ofreciéndonos oportunidad tras oportunidad, es una una propuesta para romper con la dominación de la culpa. La cual nos desconecta de la **FUENTE UNIVERSAL** y nos hace vivir de espaldas a nosotros mismos.

## 17. LA CARGA DE NO PERMITIRSE VIVIR EL ENFADO

Enfadarse es algo normal y natural. Para vivir en plenitud, es importante que reconozcamos y aceptemos todas nuestras emociones y sentimientos. El enfado, también es una emoción y por lo tanto no hay que demonizarlo.

Es tan natural enfadarse, que hasta los bebés se enfadan cuando quieren algo y no somos capaces de dárselo, porque no les entendemos.

Pero en el sistema de dominaciónen el que vivimos, no se acepta que nos enfademos y se nos obliga a tragarnos toda la rabia y toda la ira que, en determinadas situaciones, pueden aparecer en nuestras vidas.

El enfado, cuando llega, hay que saber gestionarlo para que no se convierta en algo más grave y para que acabe pasando al poco tiempo. Pero reprimirlo, tragárselo, camuflarlo con sonrisas o fingiendo que algo no te ha molestado, no es saludable e incluso es malo.

**NO HAY QUE SENTIRSE MAL POR ENFADARSE.**

Yo opto por sacar todo ese enfado y gestionarlo, de modo que no nos haga daño.

Hay personas que todo enfado se lo tragan y dicen **SÍ**, cuando quieren decir un **NO** gigante. Esas personas han cedido su poder personal y no muestran su enfado por miedo a desagradar a los demás. Pues piensan,que, si se enfadan, dejarán de quererlos.

Para conservar el amor, que piensan que perderán de los demás si se muestran enfadadas, hacen como si no pasase nada, pero por dentro están terriblemente enfadados. Y lo están por el enfado en sí mismo y por el mecanismo de represión que activan para esconderlo.

Se tragan su enfado.

Lo más sano es expresar malestar cuando uno se encuentro molesto. Concedernos el permiso de poder decir cómo nos sentimos respecto a lo que pasa a nuestro alrededor.

Pero cuando el enfado ya ha tomado forma de ira porque lo has reprimido, existen algunas técnicas que pueden ayudarte a sacar esas emociones tan dañinas para el cuerpo y tan violentas para tu mente.

Algunas de ellas son: Golpear cojines o gritar. Ya que ambas liberan esas emociones que vienen para desencadenar procesos fisiológicos, que envenenan nuestra sangre. Por ello es necesario hacer una gestión óptima y expulsar toda la negatividad que traen a nuestra vida.

Hay personas que temen hacer algunos ejercicios porque sienten que están haciendo algo absurdo, loco, o algo que no sirve para nada.

Eso son solo los bloqueos del miedo que se están manifestando.

Expulsar la ira, la rabia o la frustración, aporta enormes beneficios a nuestro cuerpo y a nuestra mente. Pues la contaminación que supone estar invadido por esas emociones, no te permitirá conectarte a la **FUENTE DE ENERGÍA UNIVERSAL** y te hará vivir en el malestar y la inquietud constante.

Por eso si esas resistencias llegan a ti y empiezas a pensar que todo esto es absurdo, recuerda el **SER** maravilloso que eres y repite conmigo con una mano en el corazón:

SOY UN SER DIVINO REPLETO DE
SABIDURÍA Y CONOCIMIENTO.

ANDO VIAJANDO Y APRENDIENDO EN EL CAMINO.

LA PERFECCIÓN DIVINA ME ACOMPAÑA
PORQUE ESTOY HECHO DE POLVO DE ESTRELLAS.

ME AMO Y ME RESPETO PORQUE YO SOY IMPORTANTE.

## 18. LA CARGA DEL MALTRATO Y EL CASTIGO

«Ni tu peor enemigo puede hacerte tanto daño como tus pensamientos».
(Buda)

Cuando la culpa actúa durante el tiempo suficiente y el desprecio a uno mismo se ha hecho muy grande, entonces llega el castigo físico. Pues el castigo mental, ya lo estamos sufriendo.

En ese punto, las personas sienten que no valen nada. Que no son suficiente y que no merecen ni siquiera poder vivir. Piensan, en definitiva, que son un lastre para los demás y sobre todo, para sí mismos.

En ese momento aparecen las formas de maltrato, las cuales pueden ir desde el abuso de alcohol y las drogas tóxicas, una mala alimentación y dejadez de la salud, hasta los modos de castigo más extremos y violentos, como las autolesiones físicas.

Cuando una persona se maltrata, lo hace porque ha perdido toda su conexión con el centro emocional y con su poder interior.

En el resto de libros de ***LA SAGA DEL LATIDO***, concretamente en Créete Importante, que es el primero de ellos, os expliqué cómo atravesé mi **NOCHE OSCURA DEL ALMA** y cómo superé la bulimia.

Ya sabéis que yo me negaba a vivir y a aceptar lo que me estaba pasando en la policía. Y que desarrollé un trastorno que casi me cuesta la vida.

Yo pensaba que eran los insultos, las burlas y los ataques diarios que sufría lo que me hicieron enfermar de aquella terrible manera.

Pero **NO**, lo que me estaba haciendo enfermar era que yo, en el fondo de mi corazón, sentía que no valía nada.

Me sentía, una basura. Una mierda.

Mis acosadores no eran más que el espejo de mi propio interior.

Entender ese mecanismo no es fácil, pero es la clave fundamental para salir adelante ya que **TODO LO QUE SUCEDE EN TU VIDA, ES, ANTES DE MANIFESTARSE EN EL PLANO FÍSICO, UNA REALIDAD EN TU PLANO MENTAL.**

Durante mis catorce años de servicio nocturno en la policía, he intervenido con cientos, quizás miles de personas, que habían cedido también su propio poder personal y que habían decidido hacerse todo el daño posible. Creo que he visto operar, todas las formas de violencia posibles. Pero sin lugar a dudas una de las formas de castigo que más me impactó, fue la que llevó a cabo Loredana.

Loredana era una mujer que ejercía la prostitución y a la que conocí porque se vio envuelta en un problema. Tras coger un poco de confianza conmigo, al sentir que yo la escuchaba y tenía voluntad de ayudarla con su problema, la mujer se abrió a contarme algo más de su vida. Fue entonces cuando me explicó que sus padres la habían vendido a un hombre mayor, cuando ella tenía seis años de edad. Y que había vivido con él hasta los dieciséis, ya que finalmente se acabó escapando. Me contó como cayó en las drogas, la prostitución y el alcohol.

Pero Loredana se odiaba tanto que se maltrataba mucho más. De alguna manera se culpaba por su pasado, generando un odio hacia sí misma absolutamente terrible. Un día al sentirse escuchada la mujer se vació y me enseñó sus brazos y sus piernas, quedando yo totalmente impactada ante lo que vi.

Era tal la vergüenza y el dolor que sentía que, incapaz de gestionar esos sentimientos, se realizaba cortes y quemaduras en las extremidades, por lo que toda su piel estaba azulada, hinchada y repleta de cicatrices superpuestas. Algo impresionante. Porque ella se odiaba, se sentía culpable y sucia.

No hay recuperación si no hay amor y perdón.

He trabajado con mujeres agredidas que se culpan constantemente por no haber dado respuesta a su agresión. Por no haberla evitado. Por no haberse bajado del coche. Por no haber sido capaces de defenderse... y otras muchas formas de culpa.

Sin un trabajo interior, para perdonar a sus agresores, seguirán atadas a ellos para siempre.

El perdón hacia uno mismo abre la puerta a nuestro corazón.

## 19. LA FALTA DE FE

«Es, pues, la FE, la certeza de lo que se espera, la convicción de lo que no se ve».
(Hebreos 11, 1)

De la **FE** nos han hablado desde Buda hasta Jesús, pasando por Confucio. Todas las personas que iluminaron con su sabiduría y su capacidad infinita de amor, a toda la humanidad, hablaron de la Fe.

Pero en el mundo que vivimos, inmerso en una pérdida total de valores y desconectado de la sabiduría ancestral, hablar de Fe, a veces causa estupor e incluso desencadena burlas y risas.

Esto es así porque nos han enseñado a negar a Dios. El Dios que nos han mostrado, es un Dios que procede de una institución que no hace lo que predica y que ha malinterpretado las escrituras.

Esas personas que cuando escuchan la palabra FE, se ríen o hacen mofa de quienes la pronuncian con convicción, viven de espaldas a sí mismos y si echas un vistazo a sus vidas, probablemente hayan logrado poco de lo que su alma anhelaba.

Si vinculas la **FE** a la Iglesia, **DEJA DE HACER ESO.**

LA **FE** es algo muy diferente a la idea de estar de rodillas esperando piedad.

«La fe es la confianza plena en el poder y la bondad de espíritu y la firme convicción de que siempre estás conectado a esta bondad. Siempre afirma tu fe y no tu duda».
(Wainedier)

La **FE** es la convicción absoluta de que estás conectado con la bondad universal. La certeza de que el universo y tú, sois una misma cosa y que él está ahí para proveerte.

Pero todo lo que deseas se materialice en tu vida, es necesario que actives tu FE.

**TU MÁXIMO PODER DE ACCIÓN. ESA ES LA VERDADERA FE. PUES LA FE ESTÁ ACOMPAÑADA DE LAS ACCIONES PARA LOGRAR LO QUE DESEAS.**

**TU MÁXIMO PODER DE ACCIÓN** es **HACER TODO LO NECESARIO** para que lo que deseas, se manifieste en tu vida.

Te pongo un ejemplo: tú puedes tener **FE** en recuperarte de un problema pulmonar, pero si fumas una caja de cigarrillos diarios, es poco probable que eso pase. **TU MÁXIMO PODER DE ACCIÓN** ES dejar de fumar, hacer todo lo posible por recuperarte y tener **FE** en que lo vas a lograr.

Si te quedas en casa fumando todo el día, no vas a recuperarte de nada en absoluto. Sencillamente porque **NO QUIERES SANAR**. Tu interior y tus actos, revelan claramente lo que deseas.

La **FE** te coloca en tu centro, te lleva a la certeza de que existe una recuperación para ti y te conduce a hacer todo lo necesario para que eso suceda. Ese es tu **MÁXIMO PODER DE ACCIÓN**.

La **FE**, es confianza en la vida.

En el libro *Créete importante*, el primero de la **SAGA DEL LATIDO**, hablo de **MI MOMENTO DE FE** y de cómo activé **MI MÁXIMO PODER DE ACCIÓN**, para salir delante de aquella situación tan terrible que estaba atravesando.

Recuerda: las personas que están en su propósito en la vida, aunque no hablen directamente de **FE**, en esos términos, están guiándose en la vida por medio de su **FE**.

**LA FE TIENE MUCHAS CARAS, PERO EN TODAS ESTÁ LA ACCIÓN Y LA IMPLICACIÓN PARA LOGRAR LO QUE SE DESEA.**

## 20. LA CARGA DE LA POBREZA

La pobreza no es solo la precariedad económica, aunque también lo es. Las personas pobres no son solo aquellas que no tienen dinero, las personas pobres son:

- Las que viven haciéndose la víctima continuamente.
- Las que viven envidiando a los demás.
- Las que critican al resto.
- Las que se alegran de que el resto falle.
- Las que quieren tener éxito, pero no quieren esforzarse y pagar el precio.
- Las que niegan su verdadero poder.
- Las que se ríen de las personas que tienen **FE**.
- Las que piensan que la riqueza es solo la abundancia económica.

«Los pobres siempre estarán entre vosotros». Dijo Jesús.

Cuando dijo eso, no se refirió a la precariedad económica.

Los paradigmas mentales de limitación generan más limitación. Y las personas con pensamientos prósperos, tienen prosperidad.

Recuerda el principio de vibración, mediante el cual atraes tu misma vibración, todo el rato.

Muchos estaréis pensando que la pobreza en el mundo no es una responsabilidad individual. Y claro que las condiciones de vida de las personas las deciden, muchas veces, los políticos corruptos e interesados en sus propias prioridades. Pero el paradigma mental colectivo, vibra en la pobreza y eso hace que muchas personas sientan que están condenadas a ser pobres y dejen de buscar la manera de atraer la prosperidad a su vida.

**DEJA DE SER POBRE Y VIBRA EN ABUNDANCIA. DE ESE MODO LA ABUNDANCIA LLEGARÁ. NO SOLO LA ECONÓMICA, SINO AQUELLA QUE NO PUEDE COMPRARSE CON DINERO.**

> «A veces pensamos que la pobreza es solo tener hambre, frío y carecer de un hogar. La pobreza de no ser reconocido, amado y protegido, es la mayor pobreza. Debemos comenzar en nuestros propios hogares, a remediar esta clase pobreza».
> (Madre Teresa de Calcuta)

PASO SEIS

# DECLARA QUIÉN ERES

# YO SOY

Ahora, tras todo el trayecto que has caminado y todos los desafíos que has salvado, mientras trabajabas con los libros de ***LA SAGA DEL LATIDO***, ha llegado el momento de declarar: **YO SOY**.

Ahora te conoces a la perfección.

Has abordado asuntos oscuros y terribles de tu propio ser.

Has caído y te has levantado. Tienes más idea de cómo eres y sobre todo de quién eres.

Sabes que puedes ser el capitán de tu barco si tú lo deseas. Ningún capitán quiere que el mar siempre esté plano. También disfruta en momentos de oleaje y aprende a ponerse a prueba en momentos en los que las cosas no son fáciles. En momentos de tribulación.

Has aprendido a encontrar la comodidad en la incomodidad. A hurgar más y más allá para buscar sanar tu herida.

**PORQUE ES POSIBLE CRECER DESDE LA HERIDA. Y ECHAR ASÍ RAÍCES PROFUNDAS Y FIRMES EN LA ROCA.**

«Por tanto, cualquiera que oye estas palabras mías y las pone en práctica, será semejante a un hombre sabio que edificó su casa sobre roca; y cayó la lluvia, vinieron los torrentes, soplaron los vientos y azotaron aquella casa; pero no se cayó, porque había sido fundada sobre roca».
(Mateo 7,24-25)

Por eso ahora puedes declarar: **YO SOY**.

El concepto de «Yo soy», no puede dividirse, porque es una totalidad.

La conciencia de un todo que te engloba y del cual formas parte.

Yo puedo considerar que soy una persona pobre, rica, alta, baja, gorda, delgada o cualquier cosa que crea que soy, pero dentro de mí, soy siempre el mismo ser independientemente de todas esas creencias.

**YO SOY, ES LA ETERNA CONCIENCIA.** Un sentimiento de uno mismo. Es la conciencia de **SER.**

**YO SOY ES LO QUE, EN MITAD DE MULTITUD DE CAMBIOS Y TRANSFORMACIONES, NO CAMBIA NI SE TRANSFORMA.**

Es el centro de la conciencia individual y colectiva.

**YO SOY**, es la gran verdad universal.

**YO SOY, ES LA CONCIENCIA PURA.**

Solo si eres capaz de realizar un cambio de conciencia, podrás materializar todo lo que deseas en tu vida. La conciencia crea todo lo que ves y **TODO LO QUE VIVES** en tu mundo.

Durante toda la vida, nos han dicho que las cosas que deseamos están fuera de nosotros mismos. Pero no es cierto.

**TODO** cuanto deseamos reside dentro de cada uno de nosotros. Y El camino para llegar a abrir las puertas de bendición se inicia en la conciencia de **SER.**

Vive en el **YO SOY**.

Porque:

**YO SOY,** te alinea con la vida y con el universo.

**YO SOY,** te centra y te ancla al momento presente.

**YO SOY,** te define en todo aquello que eres y también en lo que te vas convirtiendo durante tu mutación espiritual.

**YO SOY,** es el camino y la llegada.

**YO SOY,** es el punto de partida, también.

**YO SOY,** es el inicio del cambio que deseas ver manifestado en tu vida.

Practica la conciencia del **YO SOY.**

Ve a tu centro espiritual y encuéntrate. Dite a ti mismo ahora:

SOY UN SER DIVINO REPLETO DE
SABIDURÍA Y CONOCIMIENTO.

ANDO VIAJANDO Y APRENDIENDO EN EL CAMINO.

LA PERFECCIÓN DIVINA ME ACOMPAÑA
PORQUE ESTOY HECHO DE POLVO DE ESTRELLAS.

ME AMO Y ME RESPETO PORQUE YO SOY IMPORTANTE.

**RECUERDA ESTO:**

Puedes ser la persona que desees ser. Solo tienes que ofrecerle a tu ideal personal, una paternidad humana capaz de nacer en otra parte. Acoge con amor, todo aquello que eres en realidad y que nunca te has atrevido a expandir. Después, con las manos llenas de ti, expresa YO SOY y disponte a andar el camino que te lleva hacia ti.

«Somos transformados por la renovación de nuestras mentes».
(Romanos 12, 2)

PASO SIETE

# SIGUE ESTUDIANDO PARA LA TRANSFORMACIÓN DIARIA

«Si cambias la forma en que miras las cosas,
las cosas cambiarán».
(Wayne Dyer)

Ahora que estás creciendo como ser humano y que estás logrando cambios importantes en tu vida y en tus relaciones, debes seguir adelante.

Es como si fueras un avión que ha empezado a despegar y necesita seguir impulsándose a través de sus motores, para seguir subiendo y ganando más y más altura.

Por eso te recomiendo que, si no has leído completa ***LA SAGA DEL LATIDO***, lo hagas. Porque son libros de consulta y crecimiento personal que te acompañarán durante toda tu vida.

Entra en redes sociales y sígueme. De ese modo podrás ver todo el material gratuito que cuelgo cada día para que sigas mejorando y alcanzando, día a día, mayores cuotas de felicidad y satisfacción en tu vida.

Puedes escribirme si quieres a través del correo electrónico y entrar en mi canal de *Youtube*, darle a la campanita y seguir todo lo que voy preparando para ti.

Voy a dejarte ahora el planning ideal de un día de trabajo para ti. Al principio, cuando lo leas, puede que pienses que es mucho para hacer todos los días. Pero ya verás que no es así. Cuando lo integres te saldrá de manera natural y dejarás de utilizar tiempo en estar preocupado o pensando en cosas que te limitan, para pensar de otro modo y expandirte.

**¡VAMOS A ELLO!**

## TU PLANNING

- Empieza el día con merecimiento.
- Antes de levantarte de la cama, da las gracias.
- Mientras duermes o decides levantarte de la cama, visualiza el día que quieres tener.
- Agradece todos los dones de los que disfrutas y sal a la calle con ganas y con alegría para encarar un nuevo día.
- Mírate en el espejo y dite cosas bonitas. Cuando camines por la calle, mírate también en todos los espejos que encuentres. Ámate como a nada, ni a nadie antes.
- Pon música en el coche o ponte música en los trayectos que hagas. Deja la radio y los programas políticos que solo bajarán tu energía y te arrastrarán al suelo, ya de buena mañana.
- Si quieres ponte la canción que he preparado para ti. Está escrita y diseñada nota a nota para que vibres lo más alto posible al escucharla.
- Toma notas de todo lo que nos daña.
- Deja de ver la televisión y de leer el periódico, cada día, porque ambos chorrean sangre.
- Cuando llegues a casa dedica 5 minutos para recapacitar sobre el día y las cosas que nos gustaría que fueran de otra manera.
- Lee cada día y crece a nivel personal.
- Haz los ejercicios que te propongo en el libro de ejercicios,

durante 30 minutos o una hora cada día. Verás los resultados que se manifiestan de manera increíble en tu vida.

- Al ir a dormir, acaba el día con merecimiento. No hay nada más revelador que agradecer a la vida todo lo que tenemos.

«El que sabe mucho de los demás es un entendido, pero más sabio es el que se conoce a sí mismo. El que domina a los demás, es poderoso, pero el que se domina a sí mismo, es más fuerte todavía».

(Lao Tse. *Tao Te King*)

**TE AMO**

## QUERIDA ALMA DESPIERTA

Espero que este viaje te haya ayudado y que hayas encontrado respuesta a preguntas que te hacías desde hace mucho tiempo.

Yo he sido muy feliz acompañándote.

Si me sigues en *Youtube* podrás ver los vídeos de cada uno de los capítulos donde los explico uno a uno desde mi reflexión personal. También podrás participar enviando preguntas e interaccionado con otros usuarios en mi *Instagram,* por lo que te invito a que me sigas en esa plataforma. De ese modo podremos compartir juntos esta experiencia de transformación personal.

Sabes que mis redes y mi página web están abiertas para cualquier consulta. Espero que me escribas.

Te abrazo.

## QUIERO CONTARTE ALGO: LA HISTORIA DE JARITA

Hace algún tiempo mi mujer y yo decidimos que era hora de tener otro perrito que le hiciera compañía a Coco, nuestro podenco. Coco es un perrito mayor que adoptamos de la perrera municipal, porque estaba abandonado.

Para darle una compañía canina a Coco, empezamos a buscar en protectoras y asociaciones y ahí apareció Jara. No sé cómo sucedió pero mi mujer me trajo un día una fotografía de la que es hoy mi hija peluda. Me enamoré de inmediato de su dulzura y de su pelo blanco de galga rusa.

Jarita es una galga de unos seis años de edad. Es de una raza rusa por lo que tiene el pelo blanco y largo. Jara había vivido una existencia de sufrimiento y dolor. Nació con un galguero que la maltrató, como suelen hacer la mayoría de ellos. Ya que solo usan a los animales para sacarles todo su potencial como cazadores y después los matan o los dejan morir.

Ella había sido agredida por el galguero al punto de tener el cuerpo lleno de disparos de perdigones, método que algunos utilizan para que los perros corran más rápido a por la presa cuando son tiroteados. Es decir, que les disparan a los perros para que corran más.

Bajo su pelo blanco se pueden ver las heridas cicatrizadas, algunas de ellas en la cabeza muy cerca de los ojos.

Cuando vimos a Jara nos pusimos en contacto con la protectora que la tenía, para traerla a casa cuanto antes y poder empezar a darle todo el amor que nunca había tenido.

Y así fue, no había pasado ni una semana y Jara estaba con nosotras en nuestro hogar. Pero estaba mal. Tenía leishmaniasis y un miedo en el cuerpo que no le permitía dejarse tocar.

Permaneció días respirando con ansiedad y escondida en un rincón debajo de la escalera. Las personas le daban un miedo insuperable. No quería estar con nosotras y huía si nos acercábamos.

Un día incluso se cayó dentro de la piscina cuando traté de darle un hueso que había comprado para ella. La recuerdo caminando hacia atrás y cayéndose dentro, asustada y muerta de miedo por pensar que iba a hacerle algo. Mi mujer se tiró a rescatarla porque Jara no sabía nadar y se dejó caer hacia el fondo...

Quiero que sepáis que la historia de Jara es la historia de muchísimos galgos en nuestro país. Pues aún los animales en España son considerados cosas y se usan para la tortura.

El mundo se mueve en dos orillas: la de los que lo oscurecen y la de los que lo llenan de luz y de brillo. Por ese motivo al comprar este libro y todos los de ***LA SAGA DEL LATIDO***, estás colaborando con la asociación Amigo Galgo, que fue la que rescató a Jara de una muerte segura.

Aquí os dejo algunas fotografías de la asociación y sus datos por si queréis un galgo o deseáis colaborar con ellos. Lo que más me impresionó es que pese a que Jara llevaba tan solo una semana cuando decidimos adoptarla, la mujer que nos facilitó el trámite, Blanca, lloró por tener que desprenderse de ella. Y es que el amor a los animales es una de las fuerzas capaces de hacer que el mundo cambie.

Gracias *Amigo Galgo*, gracias Blanca, por hacernos felices y darle a Jara lo que nunca había conocido: el amor.

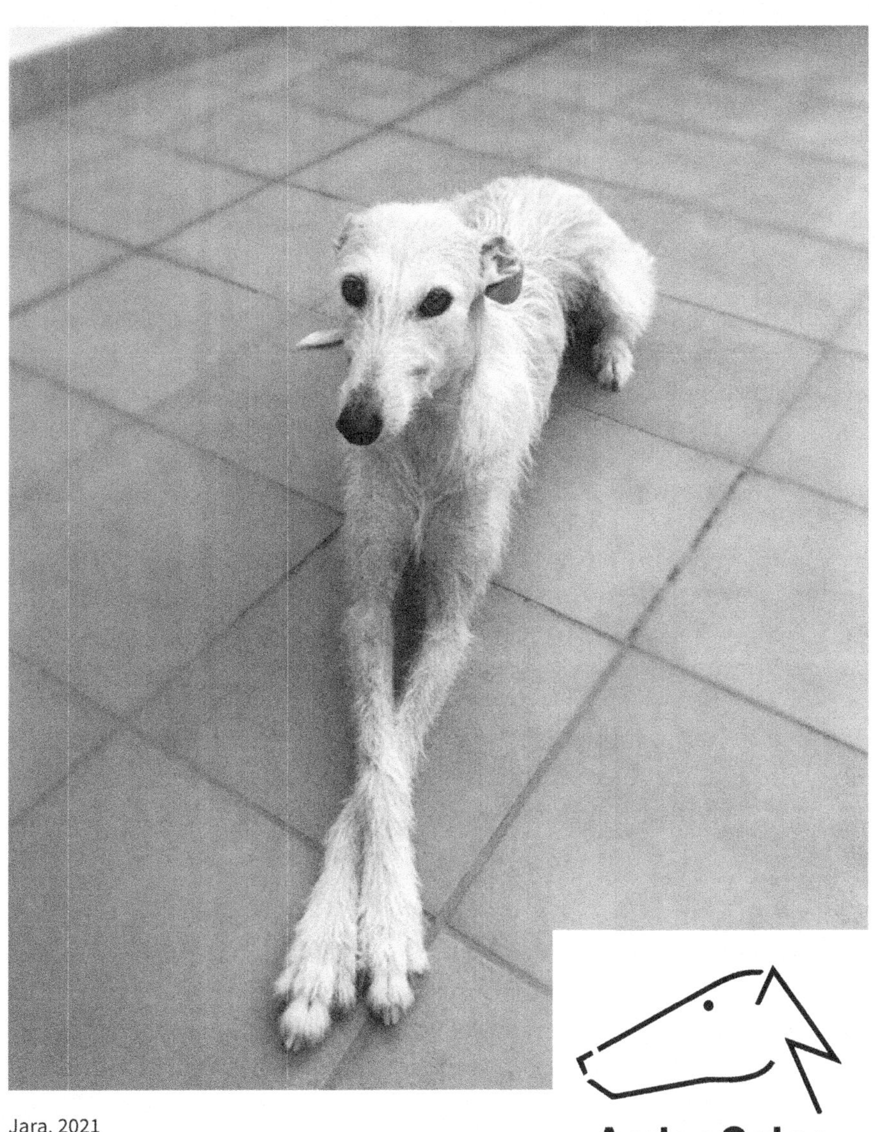


Jara. 2021

https://www.teaming.net/amigogalgo

ASOCIACIÓN PARA EL RESCATE
Y ADOPCIÓN DE GALGOS

## EL PASAPORTE A LA FELICIDAD

La felicidad es algo abstracto directamente relacionado con nuestros sentimientos y emociones.

Ser feliz depende en gran parte de cómo interpretes tú tu vida y tus logros, por eso significa algo distinto para cada persona.

Es también algo que depende del momento de vida que atraviesas, por lo que aquello que te hace feliz en una etapa de tu vida, no te reporta felicidad en otra.

Pero sobretodo si es algo la felicidad, es un COMPROMISO. Un compromiso contigo mismo de querer ser feliz y disfrutar la vida.

Por lo que yo defino también la felicidad como un viaje. Un viaje hacia dentro y hacia afuera, que hace que te sientas dichoso, pleno, satisfecho y tranquilo contigo mismo por haberlo dado todo por lograr aquello que deseas lograr.

Por eso te invito a que selles tu compromiso con un pasaporte a la felicidad. Ya que como es un viaje, lo necesitarás para atravesar fronteras y entrar en lugares lejanos a los que no has ido nunca antes.

Cuando lo cumplimentes verás que hay un espacio para que expliques qué lugares quieres visitar (el amor de pareja, el ascenso en el trabajo, un proyecto de formación cumplido...) todo lo que deseas conquistar. También hay un espacio para que expliques las experiencias que quieres vivir (la maternidad, el triunfo laboral, salir de la precariedad...)

Una vez lo hayas cumplimentado y hayas puesto tu fotografía y lo hayas firmado, cuélgalo en un lugar visible para ti. La nevera o el espejo del baño son lugares idóneos.

Mira tu pasaporte y dite a ti mismo que siempre vas a poder ir más allá. Que tienes tu permiso para hacer el viaje. Que la felicidad es un camino y que solo con el pasaporte ya lo has comenzado.

Viaja siempre a la felicidad, en todo lo que hagas y emprendas. En cada relación nueva que entables.

Si quieres puedes compartir conmigo tu pasaporte. Puedes colgarlo en redes y etiquetarme. De ese modo sabré que has iniciado el camino y que nada te va a parar. Que ya el primer paso se ha dado.

**Aquí va tu pasaporte, te amo.**

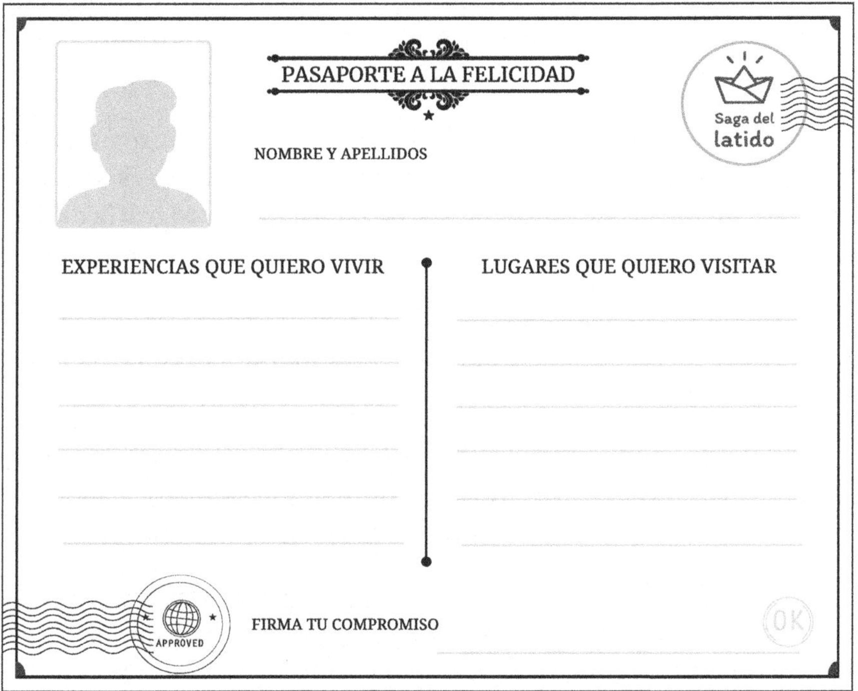

## TABLONES DE FE

Los tablones de **FE** son una forma gráfica y visual de ver tus objetivos antes de que se materialicen en el plano físico.

Es, como a mí me gusta decir, una manera de orar.

Durante mucho tiempo he preparado mis propios tablones de **FE** y los he usado para motivarme hacia las metas que quería conseguir.

Pueden tratarse de metas materiales, emocionales o ambas al mismo tiempo.

Solo tienes que escribir, en un papel, todo aquello que quieres tener y el tiempo en que lo deseas tener. Ponte un objetivo que sea alcanzable.

Después coge cada una de las cosas que deseas y busca una representación gráfica que al mirarla, te conecte con ese deseo. Por ejemplo, si buscas el amor puedes seleccionar la fotografía de dos manos entrelazadas con el amanecer de fondo (solo es un ejemplo).

Coge las imágenes y móntalas sobre una superficie rígida. Puede tratarse de una cartulina o un tablón. Cualquier cosa puede irte bien.

Monta todas las fotografías y pon tu **TABLÓN DE FE** en un lugar donde puedas verlo. Dale un espacio especial dentro de tu casa. Incluso puedes poner su fotografía como fondo de pantalla en tu PC o en tu teléfono móvil. De ese modo lo tendrás siempre presente.

Visualiza tu tablón sintiendo que **YA POSEES EN TU VIDA TODO LO ALLÍ REPRESENTADO.** Ya sabes que esa es la forma de hacer **EL PEDIDO CÓSMICO Y DE ORAR.**

Cada día antes de levantarte de la cama **VISUALÍZALO.**

Y antes de dormirte también. Incluso puedes dormirte visualizándolo.

**TU TABLÓN DE FE,** es una forma de anclar todos los deseos de tu corazón y de ver los resultados con todo lo que está llegando a tu vida.

Siéntelo.

Da las gracias.

Ten el corazón lleno de gratitud y el universo obrará el milagro en tu vida.

Hazlo durante noventa días y cuéntame los resultados.

O si quieres compartirlo con toda la comunidad, puedes hacerle una fotografía y etiquetarme en redes sociales explicándome tu experiencia.

Gracias de corazón.

Te amo.

## SOMOS UNA FAMILIA

Ahora perteneces a ***LA SAGA DEL LATIDO*** una comunidad que es una familia donde ya nunca más te sentirás solo. Esta familia camina y aprende en la misma dirección que tú. Estás haciendo el camino ancestral, que antes caminaron otros.

En esta familia todos atravesamos al otro lado de la **NOCHE OSCURA DEL ALMA** y somos capaces de cambiar nuestras vidas y moldearlas, asumiendo nuestro poder y responsabilidad sobre todo lo que acontece a nuestro alrededor.

Quiero que sepas que eres **IMPORTANTE** para mí, porque tú eres mi **PROPÓSITO** en la vida. Lo que he venido a hacer, es justamente lo que estoy haciendo ahora: **ACOMPAÑARTE.**

Por eso te agradezco que hayas llegado hasta esta saga y que estés aplicando todo lo que hay en ella.

**GRACIAS DE TODO CORAZÓN.**

**TE AMO.**

## QUIERO PEDIRTE ALGO

Para poder llevar mi palabra a todas partes y ayudar a otras personas a atravesar su **NOCHE OSCURA DEL ALMA**, quiero pedirte un favor.

Me gustaría que escribieras un comentario sobre la lectura de este libro o de cualquiera de mi saga en mi página web. De ese modo las personas que encuentren los materiales sabrán que están ayudando a otras personas a salir adelante y a encontrar luz en su momento de ofuscación.

Mi **PROPÓSITO** es ayudar a todas las personas posibles a atravesar al otro lado. Por eso te doy las gracias de todo corazón por ayudarme en mi **PROPÓSITO DE VIDA.**

Como sabes, después de todo lo que he vivido ya no soy la misma persona que era hace unos años, **SOY MEJOR.**

**GRACIAS DE TODO CORAZÓN.**

**TE AMO.**

## TE PRESENTO LA SAGA YO SOY IMPORTANTE

La mayoría de las personas pasan sus vidas pensando que no tienen el dominio de nada de lo que les sucede. Creen firmemente que lo exterior a ellas es lo que tiene la capacidad de aportarles felicidad y plenitud. Piensan que sus gobernantes, sus padres, sus jefes y las personas más cercanas, son las responsables de su felicidad o de su desdicha. Por lo tanto se pasan la vida tratando de cambiar las circunstancias exteriores para poder estar bien después.

Se dicen a sí mismas: cuando esto pase, estaré bien. Y cosas por el estilo con las que ceden su verdadero poder y aplazan una vida plena de recursos.

Con la **SAGA YO SOY IMPORTANTE** iniciarás un viaje... un viaje trepidante y hermoso hacia tu autoconocimiento... pues no hay nada más atrevido, osado, transformador y revolucionario que conocerte a ti mismo y tomar el control.

En este libro te explico lo que nunca te han contado sobre tus capacidades reales. Pues deja que te diga que es justo al revés. La plenitud y la felicidad que andas buscando están dentro de ti y solo has de aprender a controlar tu estado y anclarte en él, para poder empezar a tomar el control de tu vida.

El futuro lo escribes tú con todas y cada una de tus decisiones.

Nada sucede por casualidad y por eso este manual ha llegado a tus manos. Tu ardua y larga búsqueda ha terminado. En este libro te espera una nueva vida de pasión, alegría, plenitud y entrega. Una vida en la que tú y tú propósito se encontrarán de frente y en una sintonía perfecta, armoniosa e inspiradora.

Bienaventurados los que buscan, porque ellos encontrarán las respuestas.

Vas a conectar con la fuerza gigante que duerme dentro de ti y que está esperando a ser despertada. Una fuerza inconmensurable, capaz de transformar tu vida completamente y arrastrarte a la cima elevada que siempre deseaste subir. Descubrirás cómo reprogramar tu mente, cómo estar en sintonía contigo mismo y cómo cultivar las mejores relaciones y en definitiva: cómo darle forma a la mejor versión de ti mismo... Esa versión inspiradora de la persona que estás llamada a ser.

Made in the USA
Las Vegas, NV
26 October 2024